川崎市子どもの権利条例施行20周年記念出版

今だから明かす条例制定秘話 第2版

編集：かわさき子どもの権利フォーラム

発行協力：川崎教育文化研究所

発行：エイデル研究所

もくじ

Ⅱ　子ども夢パーク・フリースペースえんの誕生秘話

コーディネーター　川崎市子ども夢パーク所長　西野　博之
パネリスト　元市民局人権・男女共同参画室長　小宮山　健治
元教育委員会事務局指導課指導主事　金井　則夫
元教育委員会事務局生涯学習推進課副主幹　保科　達夫
元教育委員会事務局総務部人権・共生教育担当指導主事　三ツ木　純子
（2019年12月22日　於：川崎市高津市民館）

Ⅲ　全国初の子どもの権利条例はなぜ生まれたのか

第２版刊行に寄せてのご挨拶

かわさき子どもの権利フォーラム
代表　西野　博之

山田雅太前代表からバトンを引き継ぎました西野博之です。よろしくお願いします。

さて、この本の初版が刊行されてから、早いもので３年が経ちました。コロナが猛威をふるう中で全国の皆さんから注目を集めたのが、子ども権利条例をもとにつくられた「川崎市子ども夢パーク」でした。学校が３か月近く休校を強いられたときにも、開け続けました。こんな時こそ子どもの居場所を閉めてはいけない。さまざまな生活の不安を抱えた大人たちから虐待を受ける可能性がある子どもたちを守らなければならない。心配な情報が飛び交う中で、いつもと変わらぬ遊び場があることは子どもたちを元気づけました。いつもと同じ顔なじみのスタッフが子どもたちを迎え入れ、相談にのりました。いち早く大型冷凍・冷蔵庫も設置して、食支援にも取り組みました。これら居場所づくりの取り組みは、NHK「おはよう日本」などのテレビ番組や全国各地の新聞にも「最後の砦」と取り上げられ、高い評価を受けました。

学校での楽しい行事ができなくなり、遠足や運動会も中止になったときに、夢パークの最大イベント「こどもゆめ横丁」はなんとしても開催したい。立ち上がった子どもたちは、「YTK（横丁楽しくしよう会）」を結成し、「スタッフから仕事を奪おう」を合言葉に、自主的に子ども・保護者への説明会も開催して、このお祭りを成功に導きました。また「フリースペースえん」では、コロナ禍でも黙食などせずに、楽しく昼食を食べたいと望む子どもたちは、天井のすぐ下に洗濯ロープを張り、そこにラップのしんを輪切りにして通し、そこからひもを下げてビニールシートをぶら下げ、飛沫防止に取り組みました。隣の子どもとの仕切り版も、スタッフと協力して、自分たちで作りました。こうして対面で楽しく笑いながら食事ができる環境を子どもたちがつくり出したのです。

「子どもたちはすごい力を持っている」。多くのおとなたちが思考停止に陥った時に、自分の頭で考え、自分たちで楽しい環境をつくり出そうとする子どもの力が育っていることに、改めて気づかされました。権利条例を実現する場所として「子どもが自由な発想で、遊び、学び、つくり続ける居場所」を基本理念に掲げた子ども夢パーク。2022年には「ゆめパのじかん」という映画もつくられ、NHK「ドキュメント72時間～どろんこパーク　雨を走る子どもたち」は2022年度の視聴者が選ぶ年間ベスト1にも選ばれました。

いまなぜこれほどまでに夢パークが注目されるようになったのでしょうか。その背景を探ってみましょう。不登校状態にある小中学生は30万人。中学生の17人にひとりの出現率になりました。いじめは増え続け68万件。自死した子どもの数は514人。いずれも過去最多を更新しました。10歳の子どもから39歳のおとなまで、30年間にわたって死亡原因のトップが自死である日本。生きづらさを抱える子どもが急増する中で、我が国はようやく23年こども基本法を成立させ、「こどもまんなか」社会の実現を目指したこども家庭庁が発足しました。「子どもの意見表明権」を重要な施策に掲げたこども家庭庁の加藤大臣は、さっそく夢パークで開かれている「川崎市子ども会議」を視察に見えました。

24年は、子どもの権利条約が国連で採択され、日本が批准してから30周年の記念すべき年を迎えました。いま一度、権利条約制定のもととなったポーランドのコルチャック先生の言葉を思い起こしましょう。「子どもはだんだんと人間になるのではなく、すでに人間である」。生まれたときから権利主体であるひとりの人間として尊重される子ども。川崎では子ども権利条例をつくっているときに、「子ども市民」「おとな市民」という言葉を生み出しました。社会を構成する対等なパートナーであると。こども基本法の制定をうけて、ますます各自治体から子ども権利条例づくりに関するお問い合わせが増えました。この本が、これから権利条例の制定を目指す行政関係の皆さま、子どもの権利に関心をお持ちの市民の皆さまなど、多くの方々のお役に立つことを心から祈ります。子どもたちが「生まれてきてよかった」と思える社会の実現に向けて、共に力を合わせて進みましょう。

はしがき　―この本を読まれる方々に

かわさき子どもの権利フォーラム
前代表　　山田　雅太

2020年11月14日、15日の2日間にわたり、富山県南砺市で「子どもの権利条約フォーラム2020in南砺」が開催されました。2日目の「子どもからの発信」のB分科会に参加するために、川崎市子ども夢パーク多目的ホールにオンラインの「かわさき会場」を設けました。そこには川崎市子ども会議の子ども委員8名、中原区地域教育会議子ども会議の子ども委員3名、川崎区地域教育会議の子ども委員13名の24名の子どもたちが集まりました。全国の子どもたちと交流した後に、子どもたちに感想を書いてもらいました。その中の一人の子どもの感想に条例施行後の20年の蓄積が感じられる言葉がありました。

「僕はひとつだけ言いたいです。昔と今では変わっています。この前、夢パークの人と話をしていたら感覚が全然違いました。その人たちは、(条例策定)当時は『権利』というワードさえもピンと来ていなかったみたいだけど、今や『権利』は当たり前のワードになりつつあります。『子どもにも権利があるわよ。』『うん、そうでしょうね。』で終わります。川崎市子ども会議では、もう『権利』の話をあまりしません。『権利』は『実行するもの』であって、もはや『学習』するものではないのです。」

私たちは、なかなか子どもの権利条例が市民に浸透しない、子どもたちに伝わらないと悩んできましたが、この言葉を見て心強く思いました。川崎市子どもの権利に関する条例の前文で書かれている言葉に「子どもは、その権利が保障される中で、豊かな子ども時代を過ごすことができる。子どもの権利について学習することや実際に行使することなどを通して、子どもは権利の認識を深め、権利を実現する力、他の者の権利を尊重する力や責任などを身に付けることができる。」とありますが、20年たった今、ようやくここまでたどり着いたのではないかと思います。

川崎市子どもの権利に関する条例は、全国に先駆けて策定された「子どもの権利」に関する総合条例です。市民とともに、市全体で、川崎に根差したものという合言葉のもとに、川崎市にもともとあった仕組み、組織、団体などと連携し、それらを生かしながら200回を超える意見交換が行われました。また、集会ばかりではなく、市民からの手紙、子どもからの手紙、当時できたばかりの電子メールからの投稿、また意識調査などもありました。さらに、川崎市の朝鮮初中級学校や外国人市民代表者会議の皆さんから話を伺ったり、特別支援学校に伺って障がいのある子どもを持っている保護者の皆さんの意見を聴いたり、川崎愛児園、新日本学園などの児童養護施設の職員の皆さんから聞き取りをさせてもらったりしてきました。川崎市子どもの権利に関する条例は、このように市民の様々な意見を集約して、2000年12月21日に川崎市議会で、全会一致で可決され、2001年4月1日から施行されたのです。

しかしながら、さまざまなおとな市民・子ども市民の声を生かして創られた「子どもの権利条例」ですが、条例策定中も、条例策定後も順風満帆だったわけではありません。条例策定中は「権利＝わがまま論」と向き合い、子どもたちとともに悩んできました。条例策定後は、川崎市内で自死したり、殺害されたりする子どもたちの姿を目の当たりにし、条例の認知度の低さに危機感を持ちました。そこで、私たちは、子どもの権利や条例の理念の普及・啓発のために「かわさき子どもの権利フォーラム」を2017年に市民団体として立ち上げました。そして、年に2回ほど、川崎市や川崎市教育委員会と連携し、啓発のためにシンポジウムや講演会を開催してきました。

この冊子は、それらの内容を、もう一度まとめなおし、「川崎市子どもの権利に関する条例」の成立過程を皆さんとともに見つめなおすために作成したものです。子どもの権利条例が施行されてからの20年を経て、川崎市の中で、何が変わり、何が変わらなかったのかを皆さんとともに振り返り、考え合いたいと思います。

子どもたちがなぜ、条例策定にかかわろうとしたのか。子どもたちがどのように「権利＝わがまま論」と対峙したのか。子どもの権利委員会の役割やオンブズパーソンという救済制度の特徴。今では、国内だけでなく、海外からも注目される「川崎市子ども夢パーク」や「公設民営のフリースペースえん」の誕生秘話。そして、市長が変わった時に、どのように行政職員が対応し、子どもの権利条例を未来へつないでいったのかなど、そのあたりの苦労を収録してあります。このような冊子の内容は、川崎市民だけでなく、川崎市に続いて次々と「子どもの権利条例」を策定した他の自治体の皆さんやこれから条例を作ろうと考えている自治体の皆さん、さらには子どもの権利の研究者の方々にも役立つ、貴重な資料になるだろうと考えています。

2020年11月、「子どもの権利条約フォーラム2020in南砺」の「子どもからの発信」のB分科会で川崎の子どもたちは言いました。「もっと、全国の子どもたちとつながる必要がある」と。2021年11月6日、7日には、「子どもの権利条約フォーラム2021inかわさき」が予定されています。ぜひ、この冊子を片手に子どもの権利について語り合っていただければ幸いです。

I

子どもと語る子どもの権利条例制定秘話

—条例づくりと子どもの参加を中心に—

たき火で「遊ぼうパン」づくり

パネルディスカッション①

■コーディネーター

川崎市子ども夢パーク所長　西野　博之

■パネリスト

早稲田大学教授　喜多　明人

旧子ども委員　脇島（はいじま）　和哉

金井　康平

重住　奈津帆（旧姓　山田　奈津帆）

圓谷　雪絵（旧姓　吉田　雪絵）

＊ 2018 年 12 月 15 日、川崎市幸市民館にて

主催者あいさつ

かわさき子どもの権利フォーラムの設立と役割

かわさき子どもの権利フォーラム
代表　山田　雅太

かわさき子どもの権利フォーラムの代表をさせていただいております山田です。かわさき子どもの権利フォーラムは、ようやく設立して一年経った市民団体なのです。

「子どもの権利」に関して興味のある人に会員になっていただきながら、本日のようなシンポジウムやさまざまな子ども権利の啓発活動を行っています。この団体が、なぜ立ち上がったのかと言うと、ホームページなど見ていただければ詳しく記述してあるのですが、川崎は全国に先駆けてつくった子どもの権利条例があるのですが、認知度がまだまだ低いという現状があります。子どもの権利という視点を子どもたちやおとなにもっと知っていただきたいと思い、この団体が設立されました。そして、私たちは、この「子どもの権利」という理念を土台として、これから子どもたちが未来に生きる力を培っていくものになるということを信じています。現在会員募集中ですので、ホームページやフェイスブックを見ていいなと思ったら一緒に活動していただけると助かります。

今回のシンポジウムでは、川崎市の子どもたちがどのように「参加」してきたのか、どうやって条例づくりに関わってきたのかということを、みなさんにも一緒に学んでいただきたいと思っています。1994 年から川崎子ども議会をきっかけに、川崎子ども会議が始まりました。1997 年に始まった川崎市子ども夢共和国事業から参加し始めた人も多かったと思います。権利条例づくりでも子ども参加がうたわれ、子ども委員が参加してきました。子どもの権利条例施行に伴って川崎市子ども会議ができていますが、そういう川崎市の子ども参加の歴史を踏まえて今日の話を聞いていただければと思います。さっそく、子どもの権利条例制定秘話ということで、シンポジウムを始めます。

パネラー：自己紹介とひと言

西野：私は条例作りに関わったあとは、子ども夢パークづくりにも関わりました。今日はコーディネーターをつとめさせていただきます。まず、調査研究委員会の座長をしていた喜多さんに条例制定秘話としてどんな裏話があったのか、話を伺いたい。また、前に揃っている元子ども委員の方々、条例づくりで20年前に一緒に関わった、学生、生徒だったみなさんの思いとか、あの時こんなことを感じていましたとか、考えていましたとか、当時の子どもの立場からはどうだったのかとか、たっぷりと聞けたらと思っています。最初にどういう人がここにいるのかということで、自己紹介をして、条例制定にどのように関わったのかを紹介してもらいたいと思います。まず喜多さんから。

喜多：こんにちは。条例づくりは1998年の9月から始まりましたが、私は条例の原案を作成する委員会の座長をやらせていただきました、喜多と申します。今日は、条例制定秘話ということで、特に条例づくりの主役は子どもたちだと、僕の思いもありますので、その子どもたちの状況などみなさんと話をしていけたらと思います。どうぞよろしくお願いいたします。

朏島：こんにちは。私は、現在多摩区に住んでいて、7歳の小学生の子どももいます。20年前、なんで委員長になったのですかと結構聞かれることが多かったのです。実際に20年前、本当におとなとどうやって会話していけばいいのかが分からなかったというところがありまして、素晴らしいメンバーたちと意見をぶつけたりとかおとなと対等に会議をしていったりとか自分の思いだったり人間性だったりとかを作れたのではないかと思います。その時のことを少しみなさんと一緒に共有していけたらと思いますので、短い時間ですがよろしくお願いいたします。

金井：今、年表（巻末資料参照）を見ながら、そういえばそんなこともあったなといろいろ思い出しているところなのですが、僕は小学校3年くらいから行政区の子ども会議に参加して、夢共和国の2000年2001年の2年間参加させていただきました。調査研究委員会には入っていませんが、夢共和国が終わったあと実際に条例を元にした川崎市子ども会議に子ども委員として参加して、そのまま18歳で卒業をしてサポーターになり、子どもを支える立場になりました。実際にちゃんと活動していたのは多分5～6年間くらいかと思います。元々子ども会議が始まる前に支えてくれてきたおとなたちを見ていて、ああこういう人たちもいるのだなと思いつつ、そんなふうになれたらいいなと思いながらちょっとだけサポーターをやらせていただいていました。今日はそのあり方の話ができたらいいなと思いますのでよろしくお願いします。

山田（奈）：こんにちは、山田奈津帆です。私は一番最初の頃からちょくちょく顔を出していて、1994年の川崎子ども議会の頃に参加して、夢共和国にも入り、調査研究委員会にも入っていました。最後は条例が作られるのとほぼ同時に18歳となって、子どもを卒業するという、「せっかく作ったけど自分が対象じゃない」立場になりました。進学の関係でその時に川崎を離れてしまったので、そのあとどうなったのか……（川崎在住の）親から聞いていたりしたこともあったけれど、気になっていました。今日はこうやって振り返ることができるので嬉しく思っています。よろしくお願いします。

吉田：こんにちは。奈津帆さんが旧姓で紹介されたので、私も旧姓で「吉田」です。参加したのは夢共和国が最初です。中3の時に部活を体調不良でやめたのをきっかけに何かやろうかなと思って、たまたまその時配られたのが夢共和国のチラシでした。その1年間委員として参加して、その翌年の高1に子ども委員として条例に関わりました。そのあと子ども会議準備委員会、子ども会議のサポーターとして活動しようとした時に長女が生まれて活動ができなかったのですが、数年後にまたサポーターとして10年くらいやっていました。今もちょっと離れていますが、今は当団体の事務局をしていて、二人の母もやっています。よろしくおねがいします。

1 ディスカッションのための予備知識

川崎市子ども夢共和国ってなに？

西野：こんなメンバーで今日はいきたいと思います。今、ちょっと聞いていて、夢共和国の話あたりを、まず整理する必要がありそうですね。たぶん聞いている人は、夢共和国とか子ども委員とかって、どういう関係なのかよくわからないんじゃないでしょうか。このあたりは当時の事情に詳しい山田雅太さんがフロアにおられるので、山田さん、子ども夢共和国事業について説明していただけますか。

山田（雅）：夢共和国事業は、子どもの参加、意見表明を生かし、川崎市で自分ができることを考え行動するという画期的な事業でした。教育委員会の生涯学習推進課が担当し、川崎市の全市の小中学生に広報をかけて、委員の募集をしました。土曜や日曜に会議を持ったり、調査をしたり、活発に活動していました。私は当時人権担当だったのですが、なぜか参加していました。子どもの参加は120名くらいいたと思います。夏になると八ヶ岳に話し合いの合宿に行きました、そこで交流をはかりながら、グループワークして、川崎はこういう「まち」になってほしいとかこういうところを改善してほしいとかをまとめました。子ども参加、意見表明を大事にしようという動きは、この夢共和国の事業として1997年に始まりました。もちろん、調査研究委員会の中で子どもの意見を大切にして子ども参加をしていきたいという座長の願いもあったのですが、川崎市はすでに地域教育会議の中での子ども会議と共に、全市的な夢共和国事業という子どもが参加するシステムを当時作っていたのです。とてもいい事業だなと思っていました。それだからこそ、その後の子ども権利条例の子ども委員会にスムーズに引き継がれていったのだと思います。

委員長に立候補

西野：はい、ありがとうございました。では、さっそく皆さんからお話をうかがいたいと思います。まず朏島くんは条例づくりのころは何年生だったの？

朏島：中２です。

西野：その時からもう委員長になったの？

朏島；誰かがやらないといけないということで。

西野：なるほど。でも中２の朏島さんが、自分で委員長やろうと思ったのは、なんでだったの？

朏島：その当時は公募のチラシがクラスで配られたかなにかで、その時自分の家庭環境があまりよくなくて、どこかで爆発したかったように思えます。周りから変えられることって何かなと思った時に、これだったので、手を上げた、という記憶があります。

西野：何か喋りたかった、募集があったから、これで自分が喋るぞ、ということ？

朏島：ザ・思春期だったので…おとななんて、って思って、絶対に言い負かしてやろうと思っていました。

西野：それでこうやって中学２年の朏島くんが、委員長やりますってことになったのですね。追々みなさんからはどんな思いで関わってきて、関わってどうなったかとか聞いていきたいと思います。それでは、最初に喜多さんは条例づくりでは子どもの声を聴くということがいかに大事かということを言っていますが。そのあたりをお話しください。

市制70周年記念子ども議会の開催 ―川崎市が取り組んだきっかけ

喜多：夢共和国の前のできごとで、1994年、子どもの権利条約が批准された年ですが、川崎市は市制70周年ということで、記念として子ども議会を大々的にやったのですね。これ参加していたのは山田奈津帆さんだけですか？ちょっとどういう感じだったか紹介してほしいです。

山田（奈）：ちょっと記憶が曖昧ですが、最初の子ども議会は、学校によって違っていたように思います。チラシ配って「みんなおいでよ」という雰囲気より、どちらかと言えばもう一段階堅苦しかったような気がします。市議会議員さんが集まって、各校の子ども代表が集まって、みたいな感じでした。

喜多：要するに1994年に川崎市の子ども参加が出発するのは子ども議会なのですが、子ども議会だけだと単発だったので、これをベースに各行政区で子ども会議が発足していくのですね。こういった形で子ども参加が推進されていく中で、夢共和国があり、条例の子ども委員会があり、現在の子ども会議につながっていくという。川崎は権利条約が1994年に批准されてから、一貫して子ども参加の事業化を推進してきたということで、これは全国的に見てもあまり例のない取り組みをやってきているのではないかと思います。

夢共和国から調査研究委員会子ども委員会へ

喜多：まず最初に、川崎の子どもの権利条例と子ども参加、これにどういう意味があったのかを少し紹介しながら話をしていきたいと思います。私どもが条例づくりで立ち上がったのが1998年の9月で、条例検討連絡会議という親会議（委員長：篠原一先生）があったのですが、そのワーキンググループとして調査研究委員会があって、その座長として私がやらせてもらうことになりました。調査研究委員会では子ども参加は当然だということでした。条約もそうだけれど、何が子どもにとって最善か、何がいいことで悪いことかを判断する時、子ども抜きでは決めない。これは権利条約の考え方なので、子どもの権利条例を作るときにも子ども抜きで作らない。ごく自然な流れで、子ども参加でしか子ども権利条例は作れないという考え方で委員会を開いていました。元々は夢共和国でやっていたメンバーが、そのまま条例の委員会へ合流していく、といった流れで子ども参加が始まったと言っていいと思います。

2 子どもが参加し、子どもの権利条例をつくる

地域にとって「子どもは騒音」なのか？ ―子どもの地域不信から出発

喜多：私は、子ども参加が子ども条例の根本的な方向性も与えたし、条例の中身についても子どもたちの意見が相当いろんなところで反映されていると思っています。特に条例の基本的な方向性は、かなり子どもたちの意見が反映されたのではないかと思います。朝日新聞記事のとおり、子ども委員会が立ち上がった当初を朝日が取材して記事にしたものですが、写真がのっています。朏島さんも写っています。一番左に大槻さんという山田（奈）さんと同期の人もいます。当時高校生ですね。真ん中にいるのが、飯塚さんです。当時中学生。一番印象に残っていたのは、子ども委員と調査委員会で対話をしている時に、飯塚さんはブラスバンドクラブに入っていたのだけど、練習する場所がなくて困っている、と。校舎内では無理だということで学校の体育館で練習していたのだけれど、近所から苦情があったそうで。ブラバンの練習がう

子どもの権利、地域で守れ

条約、国内発効から5年

川崎市

条例づくり、子どもが参加

「権利って何だろう」。活発に話し合う川崎市の子ども委員たち＝川崎市中原区の市生涯学習プラザで

仕組みの生かし方が重要

喜多明人・早大教授に聞く

子ども委員　朝日新聞 1999 年 5 月 17 日付

るさい、やめさせろ、と。結局当時は、音楽系の部活の練習は全然できなかった。やっぱり、子どものやることは全部騒音だ、みたいな見方があって。いずれにしても、飯塚さんからの話で、子どもたちは地域からそういった存在と見られている、という話をしてくれていました。女子高生だった大槻さんが言っていたのは、制服のままスーパーに買物に行くと、必ず店員がついてくるという話でした。どうやらこれは、万引き防止のためだったらしいのです。大槻さんはすごく不愉快だったと話していました。地域が子どもにとってのいい環境を作れていなかった。

子どもの権利条例は地域再生条例

喜多：まずは子どもたちが、川崎の地域の中でもっといい環境を作れるような、そういう関係を条例は目指すべきじゃないかなと思ったわけで。朝日新聞のこの記事にそういう趣旨のことを書きましたが、子どもが育つ環境は地域によって支えられてきた。地域の解体が家庭や学校に過剰な負担を強いている。地域再生の具体的な施策を担うのが自治体だ、だから子どもの権利を保障するために自治体が果たす役割は大きい、と。地域の再生ということを、この条例の基本に置かなければならないなと。子どもが地域とどういうふうな出会い方をするかということがすごく大事だと思うのです。いい出会いをしてほしい。そのためにはやはり、そういう地域を作っていく条例が必要なんじゃないか、と。

川崎で条例をつくるのは、「日本政府に失礼です！」

喜多：その年の、子ども参加の年表で調査研究委員会が立ち上がって最初の年の 1998 年 12 月に、川崎では全市子ども集会が開かれました。9 月に立ち上がってから委員会では、子どもたちと対話していこうということで、私が代表して、この集会に参加させていただきました。私の方からは、子どもの権利条約を川崎市から実現していくために、ぜひ子どもたちに意見を出してもらいたいし、参加してほしい、是非条例づくりは子どもの意見を反映させたものにしたいので、これからみなさんといい関係を作っていきたいと集会でお話したのです。ところがその時に、中学生ぐらいのグループだったと思うのですが、男の子が中心だったと思いますが、喜多さん、僕たち意見があります、と。僕たちは、子どもの権利条約について、勉強してきました。条約というのは、国と国との協定だということが勉強しました。本来、条約を実施するのは政府の仕事ですよね？その条約をなんで川崎市が実施しないといけないのですか？と。それは、日本政府に失礼です、と。

川崎市で条例づくりを始めた時に、これは誰もが抱く素朴な疑問だったと思うのですが、おそらく職員の方たちも、なんで川崎市がやらなきゃいけないのだろうと思っていたと思います。でも職員の人たちは私たちに遠慮してそれをぶつけることはなかったのですが、子どもたちは容赦しません。なんで川崎市が条約をやらなきゃいけないのだ、と「ばーっ」とストレートに疑問をぶつけてきたのですね。それは私も大事だと思いまして、その集会が終わったあともその中学生たちと1時間くらいですかね、残って話し合いをした記憶があります。

身近な地域で子どもの権利実現

喜多：その時の私の思いはこうでした。例えば子どもの権利条約では子どもの意見表明権があると書いてますね。皆さんの学んだ条約の理屈からすれば、その意見表明権を保障する仕事は政府がやるべきだ、ということになる。確かに政府が子どもの意見を反映させるような仕組みを作るとか、子ども国会とかもやっていたりしたこともあるけど、本当に君たちが求めていることはそういうことですか。政府も重要ではあるけれど、君たちにとって意見を聴いてもらいたいのは、もっと身近な人たちではないですか？と。本当は親に自分の意思を伝えたい。どの部活に入るかぐらいは自分で決めたい、とか。そういう思いは、本当は親にぶつけたいよね、あるいは学校の中でもっと自分たちの意見を先生に受け止めてほしいとか、あるいは地域の子ども会活動とか、もっと身近なところでの意見表明権が大事だよね。確かに政府にも保障していく責任はあるけど、子どもの権利っていうのは、むしろもっと身近な地域で、あるいは学校や家庭で実現できるようになることが大事なんじゃないかな、という話をしながら、そこで自治体とか地域の中で子どもの権利条約を実現していくことの意味も話をさせていただきました。

今でこそ、子どもの権利条約を地域から実現していくということは、子どもにやさしいまちづくり、チャイルド・フレンドリー・シティということで、ユニセフも提唱しながら子どもの権利条約をベースにした「まちづくり」が当たり前に言われるようになりました。しかし川崎市は、ユニセフが提唱する以前から、地域におけるまちづくり、子どもの権利条約を活かした「まちづくり」を推進してきました。いわば、ユニセフに先駆けてといいますか、すでにこういう子どもの意見も反映しながら、子どもを支えていくような地域を作っていく、そのための条例づくりが始まっていたということをまず申し上げておきたいと思います。

意見を聞いてあげるという態度やめてくれませんか！

西野：子ども支援の地域再生条例といいますか、まちおこしというか、そこから子どもの声をしっかり聞きながら地域を支えていこうという流れも出ていた中で98年に調査研究委員会が立ち上がったというわけですね。子ども議会の子ども参加、勉強会など、とにかく子どもの声を生かして権利条約をしっかり位置づけていこうということですね。喜多さんには、ここから是非子どもたちと条例づくりを通してどんなやりとりがあったかを話していただければと思います。子どもとおとなのパートナーシップを求めて、事前に準備があったのでしょうか？

喜多：具体的な条例文に即して、子ども委員との関係を少し話したいと思います。条例の全文がある資料（巻末資料参照）がありますが、これを見てください。子ども参加の要はやはり前文の二つ目の段です。「子どもは、大人とともに社会を構成するパートナーである」と書いてあるところです。

「子どもは、現在の社会の一員として、また、未来の社会の担い手として、社会の在り方や形成にかかわる固有の役割があるとともに、そこに参加する権利がある。そのためにも社会は、子どもに開かれる。」

この前文は、正直いって、ここまで言えるかなと、原案を作成している途上で思いました。子どもたちの立場からすると、手の届くところにある目標だと頑張れるけれど、目標が高すぎると子どもたちはあきらめてしまい、ついてこられないのではないかという心配はしていました。特に社会のパートナーとして未来を担っていくというような、こういうところまで踏み込んで条例を書いてしまうと、現実の子どもの意識とズレてしまい、現実と遊離してしまうことを心配していたのです。私が個人的には悩んでいたのですけれど。そんな折に、もう委員会も終盤だったと思いますが、調査研究委員会に参加していた子どもたちの中で、山田奈津帆さんがこういう発言をされたのです。

「おとなの委員の皆さんにお願いがあります。私たち子どもたちの意見を尊重してくれるのはとても嬉しいのですけど、子どもの意見を聞きますよっていう、おとなが我慢して聞いてくれているというような態度をとるのはやめてもらえませんか。私たちも発言には責任を持ちたいと思うので、おとなの委員の方々は疑問があったらちゃんと言ってください。子どもの意見だから尊重します、というような態度だけはやめてください。」

こういう発言をしてくれたのです。私としては、この言葉を聞いて、内心「やった！」と思いましたね。子どもたちはパートナーとしてやっていけるじゃないかと。私は議長をしていましたから、踊る気持ちを押さえて、ではおとな委員の方々も子ども委員の方々も対等に話し合っていくことにしましょう、とまとめました。

子どもには力はある、ないのは機会

喜多：確かに山田さんは小学生の頃に市政70周年記念の子ども議会を経験しているし、その後、夢共和国も経験して、いま子ども委員を務めている。つまり子どもたちも機会や経験があればおとなと一緒にパートナーとしてやっていけるのだと。力がないのではなく、機会がないのだと。機会、経験さえあれば、子どもだっておとなと社会を支え合っていけるのだ、子どもとおとなのパートナーシップは夢ではない。条例の前文について悩んでいた私にとっては、彼女の発言は救いの神様であって、その当時とても印象に残っています。この前文があることで、是非子どもたちと一緒に条例を実現していこう、と感じた瞬間でした。

西野：すごいいい言葉です。子どもは力がないのではなくて機会がないのだ、と。これ山田（奈）さんが言ったのですか？

山田（奈）：「力ではなく機会がないのだ」というのは、私が言ったわけではなくて、喜多さんがそう思ってくださったという話だと思います。私はただ多分、当時、高校２～３年くらいだったかと思いますが、そういういろんな会で子どもの意見をできるだけ聞きましょうという話になった時、意見を聞きましょう、言いましょうというのはいいのですけど、なんとなく段々と「不満を言えば言うほど良い」みたいな雰囲気が生まれ始めているのでは？という危惧があったのです。本当にすくい上げなければいけない不満もあるけど…なんとなく「いっぱい不満を言えば良いのだ」みたいな雰囲気が生まれちゃうと、「いや、それは別に言うことでもなくない？」みたいな内容もどんどん出てくるようになっちゃって、愚痴で発散するのもそれでいいのだけれど、それも全部尊重しますと言っていると、多分子どもにとっても良い方向には行かないなと感じていたのだと思います。だから、よい未来をつくるには、何が正しくて何が正しくないかとかは、まぁ、「正しい」、「正しくない」の二元論の話ではないのですけど、他の人は違う意見を持っているかもしれないという認識を、相手がおとなだろうが子どもだろうが、持つことが大切だと思うのですが、「すべて尊重します」という流れではそれが育たない、と思っていたのです。当時、そこまではっきり考えていたわけじゃないのですけど、っていうのを思い出しました。

西野：でも朏島くんはいろいろ言いたかったんだよね？

朏島：多分、当時は自分は他の人からは、この人相当言ってくるなと思われていたかと思います。実際に、文句なのか、本当に不満なのかというところの立ち位置に関しては、そこまで考えてなかったと思います。やっぱり思うことがあって、おとなとこうやって喋る機会があるっていうだけでも当時の僕はそれだけで幸せでした。

西野：なるほどね。そうやっておとなと喋れる機会があることで、僕はおとなに言いたいことがあるぞっていう中学生もいれば、高校生だった山田さんみたいに、ただ不満ばっかり言って、おとなが、「はい、はい」尊重しますって言って、それって結構対等じゃないな、みたいな居心地の悪さを持っていた人もいたということですね。

山田（奈）：子どもが不満を言うことがダメってわけじゃなかったのですけど、不満を言えば言うほど「褒める」という風潮はちょっとよくないかな、っていうところですかね。

西野：子ども参加を進めていくには、意見出しやすくしているのに、君ちょっとそれは言い過ぎでしょ、みたいなふうに言われちゃったらまた意見言いづらくなっちゃうしね。かといってそれを褒めすぎるのもどうなのよっていう。いや聞きはするけど褒めるというかそういう評価の仕方はどうなのだという？

山田（奈）：そうですね、難しいなとは思っていました。

西野：なるほど当時はそういうやり取りがあったのですね。それが、喜多さんが子ども参加を考えた時の、印象に残っていたことなのですね。

喜多：そうですね。実際我々が子どもとおとなというふうなことでなく、お互いが人間同士で支え合っていくという関係性、そういうパートナーシップ的な関係の中で条例づくりが最後しめくくられたなと実感しました。

子どもたちからのメッセージ

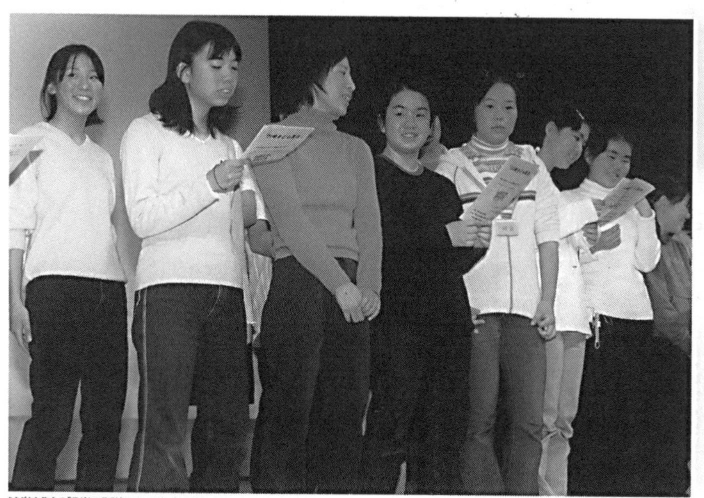
さまざまな集会で「子どもの権利」について話し合ってきた

「おとなが幸せでいてください」

川崎市子どもの権利条例
子ども委員会

子どもの権利条例を読みながら、子どもたち同士で話し合ったことは、この条例を本当に子どもたちが分かったときには「いじめはなくなるね」ということです。おとなや先生の中には、この条例ができると「ますます子どもが好き勝手になる」と心配する人もいたけれど、そうじゃないと思います。みんなが安心して生きることができるようになるということなんです。みんなが安心して生きるということは、他の人の安心して生きる権利をとってはならないからです。

最後に、私たち子どもからおとなへのメッセージです。まず、おとなが幸せでいてください。おとなが幸せじゃないのに、子どもだけ幸せになれません。おとなが幸せでないと、子どもに虐待とか体罰とかがおきます。条例に「子どもは愛情と理解をもって育まれる」とありますが、まず、家庭や学校、地域の中で、おとな同士が幸せでいてほしいのです。子どもはそういうなかで安心して生きることができます。

—— 市民グラフかわさき「ひろば」59号　川崎市発行 2001年11月号 ——

⑳ HIROBA

喜多：僕がとても感動した、子ども委員会からのメッセージがあって、川崎市市報「ひろば」に子ども委員の写真と一緒に掲載されています。「私たち子どもからおとなへのメッセージ」です。読みますね。

「まず、おとなが幸せでいてください。おとなが幸せじゃないのに、子どもだけ幸せになれません。おとなが幸せでないと、子どもに虐待とか体罰とかがおきます。条例に「子どもは愛情と理解をもって育まれる」とありますが、まず、家庭や学校、地域の中で、おとな同士が幸せでいてほしいのです。子どもはそういうなかで安心して生きることができます」。

このメッセージは、なんかおとな側が励まされているような。そういう形で子どもたちの側からメッセージを頂いたというのは、まさに子どももおとなも、お互い生きにくい社会を一緒に支え合って生きていこうという、そういう空気の中でこういう言葉が生まれてきたのかな、と思います。少なくとも条例づくりでのパートナーシップのひとつの表現として、こういったところを大事にしていきたいと思っているのです。

子ども委員会のメッセージはどういう経緯で作られたのか

西野：この文がどういう経緯で出来ていったのだろうかと振り返ると、この文言は、僕の記憶では、子どもの権利条例を制定したあたりの3月の市民報告集会か何かで読み上げられたのではないかなと思うのだけど、違うでしょうか？まずおとなのみなさまへ、おとなが幸せでいてくださいっていう文章、すごく衝撃的だったから、川崎市の母子手帳に記載されるようになったのですよね。僕はこれ読み上げられた時に立ち会った記憶はあるのだけど、それがどこだったかは分からない。でも聞いた時に、穴があったら入りたいくらいに恥ずかしくなって、おとなはけっこう条例作れただけで、やったぜ、出来たぜ、みたいなね。200回の会議と集会重ねて、ギリギリまでかかって、どうよ、出来たでしょっていう、おとながドヤ顔でいた時に、子どもは先の先まで見て、こんな条例作っても、子どもは愛情と理解をもって育まれるってあるけど、家庭や学校地域の中でおとなたちが幸せでいてくれないと自分たちも幸せになれないって、うわー、ここまで考えているのだ、子どもは。とすごく恥ずかしかったっていう記憶があります。これは、どういうプロセスでできたの？いつ話し合って、どんな形で話し合って発表されたの？というところが、ちょっと記憶が危ういんですよね。担当していた当時の教育委員会にいた山田雅太さんがおりますが・・・わかりますか？

山田（雅）：これ、写真と文章を後で組み合わせたような気がします。3月の最後の子ども委員会を開催する時に中原市民館の会議室の一室で、子ども委員からみんなの意見を最後に貰ったのです。それでそれをまとめた記憶があります。その会議の時におとなが幸せでいてくださいということが語られた。子ども委員会がおしまいだから、おとなに、これまで振り返ってなにか言うことはないですかと意見を聞いた時のこと。それが本当におとなへのメッセージとして残った。

子ども委員会のこのメッセージは、その後とうとう母子手帳にも載りました。これは、感動しました。私も学校という現場に戻ってから、子どもの前では笑顔でいよう、とその時から思いました。そういうふうに誓った言葉です。先生方も、教室一歩入るときに辛い時がある。先生方も色々あって日々大変です。いろいろなことがあるけれど、そうはいっても、教室に一歩入ったら、子どもの前では笑顔でいようよ、と。それが教員に言えるようになった、ありがたい言葉です。最後の最後に子どもたちがまとめた、その中心にいたのが奈津帆さんでしたね。これは、子ども委員全員の思いのこもった言葉なのです。それが、母子手帳に載りました。今は、いろいろな研修会で、お母さん読んでね、お父さんも読んでね、とお願いしています。そういう経過がありました。

西野：つまり、この文言は、中原市民館で3月に子ども委員会の解散を前にして、みんなが最後の意見を言い合った時に出てきた言葉。で、それを市民報告集会かどっかで読み上げられた。でもこの写真はちょっといつの写真かは分からない、ということで。奈津帆さんはもう大学の関係があって離れる時期にきていた時、どの集会だったかは忘れたけど、でもそれを聞いた時に汗が吹き出た記憶があるから、多分3月に作られたその言葉をどこかの市民報告集会で誰かが代読したと思う。みんなはこの言葉の記憶はありますか？あんまり覚えてない？語り合った記憶ぐらいかな。

山田（奈）：同僚でお子さんがいる方の話を聞いて、20年前に自分が言ったことは正しかったなと思っています。どうしたらおとなが幸せになれるのかを考えないと、「せめて子どもだけは幸せに」も結局成り立たないな、と……あの頃の私があの時なぜああいう言葉を言ったのかというと、当時自分はもう年齢的におとなになってしまうけど「自分が幸せになりたい」という気持ちがあったからと言うのが正直あります。その時はおとなになりたくないと思っていました。なぜなら子ども時代がめちゃくちゃ楽しかったからで、このままでいたいという気持ちがありました。正直その時はおとながあまり幸せそうに見えなかったのですね。そこから、「おとなが幸せじゃない世界だと、子どもはみんなおとなになりたくないと思うじゃん」「でも子どもは絶対おとなになるんだから、おとなになりたいと子どもが思えるような社会になった方がいい」と思っていたと思います。

吉田：私はなんか居た気がします。反論する人もいなかったし、自分も代読した一人だったと思います。喜多さんと荒牧さんと一緒にくっついて、各市民館を回って、説明しにいっていて、7区中5区くらい行かせていただいて、その時に毎回代読したと思います。自分のセリフのように。

西野：条例ができましたという時におとな委員と子ども委員が一緒に各区を回ったのですよね。それで、最終子ども委員会の報告も、こうやって語っていったという経緯がある、ということでした。本当にこの言葉は、今日も午前中読み上げたけど、いつ読んでもこれはグッとくるね。まずはやっぱりおとなが幸せじゃないと子どもは幸せになれない。今年も目黒区で起きた虐待死事件だって、ああやって5歳の女の子が追い詰められて、パパママ許してください、もう同じことしません、遊ぶなんてアホみたいだから遊ばないから許してってという言葉を遺して子どもが命を落としていったような…そんな中でおとなは子どもに正しくあれ、人に迷惑をかけるな、ちゃんと字を書け、とか、子どもが死ぬほど追い詰められちゃう社会。で、僕らはやっぱり20年くらいこの仕事を続けてきたけど、やっぱりおとな同士が幸せじゃないと、本当子どもに被害がいくなぁということは実感しています。この言葉が条例づくりの中で出てきたということはとても大きかったと思います。

もう一度おとなを信じてみたい

喜多：私はこの条例づくり、おとな委員と子ども委員が、互いにパートナーシップでいい関係で参加できたと思っているのですが、それはあくまで結果というか、最初からそうだったわけではなくて、子どもの側は最初はおとなにすごく不信感を持っていました。

特に地域に対する不信感。そういった中でやはりどうやってパートナーシップを作っていけたのか、そのあたりのヒントになるようなことを、語ってくれている朝日新聞の記事があります。2009年元旦号の記事です。「おとなはボールを受け止めて」と吉田さんの言葉で始まるのですが、「昔ちょっと話を聞いてくれたおとながいて、嬉しかった。だから今も活動を続けているのです。」と。おとな、私達のことだと思うのですけど、とても前向きにおとなたちとの関係を受け止めてくれていたんだなということを、非常に嬉しく思っています。吉田さんの言葉で一番印象に残っている発言、先程子ども委員会が終わる頃、私もちょっと立ち会った席でしたが、条例づくりに参加した感想を子ども委員の一人ひとりに聞いた時に、吉田さんが、こう発言しました。

「この委員会で一番よかったのは、もう一度、おとなを信じてもいいかなって思えたことです。」

こういう言い方をしたのですよ。よっぽど信じてなかったのですね。もう一度おとなを信じてもいいと思えたことが、この委員会に参加したことに対する、成果だったと言っていたのがすごく印象に残っています。そのあたりのことをちょっと話してください。覚えていますか？

吉田：はっきりそのセリフを言ったかどうかというのはわからないけど、その類のことを言ったなと思います。というのは今から10年前のみんなが主役という元旦号にのせていただいた時の、一番最初のセリフにも書いてある。昔ちゃんと話を聞いてくれたおとながいてというのは、子ども委員の時に、子どもたちが愚痴タイムになってしまったりだとか、まとまりのない話にずっと付き合ってくれる人がいたんです。それがすごく私にとって嬉しかったです。私は家庭環境が悪かったわけじゃなくて、兄弟も多かったので、お母さんやお父さんを独占して話を聞いてもらったような思い出がなかった。そんなことをいうと、両親に大変失礼なのですがそういう印象がないまま育ってしまって、たまたまちょっとおとなに対して印象が悪かった年齢だったのですね。その時に出会ったのが、山田さんや喜多さんたちだったので、こんなにも私達の意見をたくさん吸い上げてくれて、こんなにも意見を言っていいというか、社会に参加している、という気がしましたし、子どもたちの意見が条例に生かされているわけですよね。それがやっぱりいちばん大きかったのではないかと思います。中学生のころ、なんとなく、生きるとか死ぬとかそういう問題ではなく、「あー、おとなになるのをやめよう」と思っていたのです。私はもうずっと子どものままでいようと思っていたのですが「あ、こういうおとなだったらなってもいいかな」って。そんなおとなになれているかどうかは別として、こういうふうに話を聞いてくれてニコニコしているおとなだったら、なってもいいかなと思えたきっかけでした。そういう意味で言ったのかもしれません。おとなを信じていいかな、おとなを信じるってことは、しっかりと自分の思いを聞いてもらえたって思えることなのでしょうね。自分の意見ではなくても、子ども委員会の人たちの意見がそのまま調査研究委員会に持っていかれて、それが次回来た条例の骨子案に反映されていることがあるわけですよね。それがやはり、あ、みんなでちゃんと話し合った2時間3時間が、こういうふうに反映されているのだなっていうところが、すごく参加できているという意識になりました。

西野：それは、よかったです。朏島くんは、言いたいこと満々で入ってきて、聞いてもらえたって思いましたか？

朏島：あの当時のおじいちゃん、失礼ですけど、「このおじいちゃん、なんでさっきからこんなに怒っているのかな」とか、「あ、この人すげー難しいこと言っているけど、なんかさっきの話聞いてくれていたのかな」とか、いろいろ考えながらも、意見はぶつけられました。おとなの目線の上に全く乗ってない生の意見を、今思えば怖いのですけど、そうそうたるメンバーがいる中で「あーでもない、こーでもない」と言っていたのだし、まぁ今思えばすごいこと言っていたのだなとは思いますけど、言いたいことは120%言わせてもらえていた会議だったと思います。

西野：僕の記憶だと、朏島くんが校長先生に向かって「おとなは支援が多すぎんだよ！」と叫んでいた記憶があって「この子すげーな」と思って、自分たちが望んでいるものじゃなくて、どちらかといえば指導が多すぎるっていう延長線だったような感じがしました。支援というよりもね。君のためだよとか言いながらも、自分たちが自分たちの思いでなにか決めていくということを、先回りして指導の延長線上にあるというような、なんかそういう感じでいっぱいムカついていたよね？

朏島：あの当時、結構ルールの話は多かったのですけど、いかんせん子どもが関わったルールというわけではなくて、もともと決まっていたルールの中で、いかにやっていくかみたいなところがあって、なぜ守らなきゃいけないのかとか、なぜそれをしなきゃいけないのかっていうところの説明が、20年前はなかったのではないですかね。だから、「それを守ることでどうなる？」というところまで説明できるおとながいないって思ったのでしょうね。実際に自分の家庭環境の話をすると、小学校１年生の頃に母親が離婚して、母親ひとり弟ひとりでずっとやっていて、今思えば虐待というのですか、母から殴られたり蹴られたりとかしょっちゅうで、結局おとななんか信用できないし、おじいちゃんおばあちゃんって見て見ぬふりをしているようで、援助はしてくれる、お金はくれるのですよ。これで買ってきなさいとか、だから愛情という名のもとに、お金だけくれればそれで全部おさまっちゃうのだなとか子どもながらに思っていたのです。これは多分殆ど話してないことなので初めて聞く方も多いと思うのですけど…。それなので当時はいろんな意味で爆発していたと思います。喜多さんに対しても意見していたと思うし、先輩たちからも、すごい発言する子だなと思われているのだろうなとは思っていました。

西野：子ども委員会を立ち上げてみてびっくりしたのは、学校推薦で優等生の子たちがきて、大人に Yes, Yes という子どもたちが集められて、あんまりおもしろくない会議になってしまうのではないかなと思っていたら、集まってきたメンバーがすごかったよね。今ちらっと語ってくれましたけど、みんな苦労していた。吉田さんはそうでもないと言っていましたが、それぞれがそれぞれの生き辛さを抱えて、条例づくりに声を上げに来ていたという、そこがすごかったね。本当に濃い話。会議の合間、合間に、しんどい話とかを聞いたりしていたなと。脇島くんが言ってくれたけど、おとなの説明責任というか、おとながルールを決めるならなぜそれが必要なのかを当時は語ってくれてなかったと言ってくれたけど、果たしてそれが今どれくらい現場で進んだのだろうと思っています。この間、大学生とも関わって話を聞いていたら、彼らの口からでたのは、中学生のときに、未だに下着の色のチェックまであり、そういうことで学校で苦しんでいる子どもがいるということです。日本の学校社会の中で、女の子の下着の色が白じゃないといけないとか決めることに対して、どう説明しているのか全然わからない。それがまだ社会の中に現存しているということに、すごい憤りを感じます。そこでまた、喜多さんが話したいそうなので、どうぞ。

内申書が目の上のコブ、自由に意見が言えない

喜多：条例の 25 条 2 項で、子どもの利害に影響する文書の作成に当たり、子ども本人又はその親等の意見を求めるっていうのがあります。実はこ

れができていく中で問題意識としてあったのは、胐島さんが当時、生徒会長をやっていて、結構校長先生と話す機会があったという。たまたま生徒会長として、今度校長と渡り合わないといけないのだけれど、どうしても内申書が邪魔だと。内申書があると、自由にものが言えないと。これをどうにかできないかという話がありました。その時に、委員の中の一人、元校長の福島参事が自慢気に話されていたのですけど、わが川崎市は、全国に先駆けて情報公開条例をつくった先進自治体なのだと。みなさんがもし内申書を見たかったら、情報開示請求をすれば見られるのですよと話していた。そしたら子ども委員のみんなが怒っちゃって。そんなこと誰も学校で教わってない、知らされてないと。知らされてなければ何も使えないじゃないですかと。そんな話があったことがあって、今日も学校関係者がいらっしゃっているかもしれませんが、内申書のことで結構生徒側は悩んでいるというか、こんな活動したら内申書に響くぞ、みたいな。胐島くんが言うように、こういう雰囲気で生徒がなかなか自由にものを言えない時代だった。それを解決するために情報開示の条文で25条が入りました。野村武司さんが情報開示の当時の専門家で、単に個人情報を開示できるだけじゃダメと。もともと自分の個人情報を作る過程で、子どもや保護者が意見を言えるようなところまで情報公開については考えられているのですと言われて、25条に入っていくわけなのですけど。でもまだ子ども委員会の人たちが不満を言っていたのですが、情報開示の手続きは全部役所なのですよね。昼間、中学生が役所に行けますか？という話もあって。それも問題だと言われていたような記憶があります。

西野：胐島くん覚えている？

胐島：自分は、当時内申書についてはそこまで詳しく思ってなかったと思うのですけど、20年前は、自分がどういうふうにおとなに思われているのかが記載されているのが内申書だっていう認識だったと思います。結局自分がどう思われているのかを知りたいということをその当時は思っていて、それに対して何かを言うと、やっぱり内申書に響くぞと。活動に関しても、目の上のコブじゃないですけど、実際に教育の現場では、この先生、僕が外で活動するのは絶対嫌なのだろうな、さっきからすごく怒っているなとかいうのは、20年前実際にありました。権利条例の活動をすること自体に対して、なんでこいつはこんなにやっていくのだろう。「またいくの？」みたいなことを言う先生もいたので、そうなってくると結局子どもとしてやっていることに対して実際に地域の、毎日通っている学校の先生から、そういうふうによく思われないのであれば、自分がどう思われていて、内申書がどうなっていくのかっていうところは、考えていたと思います。

西野：ありがとうございます。脇島くんとかが、先生にいいように思われなくてもこの委員会にきて自分が喋っていく中で、喜多さんたち調査研究員会にいた学識の人たちがしっかりと拾って、「子どもの利害に影響するものにあたっては、その作成にあたり、子ども本人またはその親等の意見を求める等の配慮がなされなければならない。」とまで条文に書き込まれていった経緯となったわけですね。この条文をつくるのに川崎は本当に頑張ってきたと思います。でも子どもたちが言ってくれなかったら、こういうところまで話が進まなかったのかなとも思います。

おとな・親になって―あれは自分にとって何だったのか

西野：ところで今日はこのメンバーが参加してくれました。条例づくりや子ども委員会にかかわったのは20年近く前のことになりますが、あれは自分にとって何だっただろうって、そこにかかわることで、あの当時、何を感じ、考えていたのか。あの時の自分が今の自分になにかつながっているようなこととか、自分にとって子どもの声を外に発信していく条例づくりや子ども会議にかかわっていた自分っていうのは、振り返って今自分の中にどう位置づいているのか、ということを聞いてみたいです。

脇島：実際に、あの当時を振り返ってみると、自由に色々やらせてもらっていたなとは思います。今一年生の子の父となって、来年4月にもうひとり女の子が生まれるのですけれど、20年前に比べて、本当におとなが子どもと接しづらくなっているのではないかなと実感しています。今、子どもたちに何かあると、例えば保育園でちょっと指切っちゃいましたとか。昔だったら別に適当に絆創膏とか貼るし、泥だらけになったら、すみません泥だらけになっちゃって、で終わると思うのですけど、ものすごい形相で園長先生が寄ってきて、お子さんに怪我をさせてしまいました、本当に申し訳ありません、と言われました。実際、現場はこんな状況なのです。子どもたちって守られているというところはよくわかるのですけど、「おはようございますって毎日おじちゃんが言ってくるんだよ」と子どもが言っていて、でも挨拶気持ちよくない？朝だし、おはようございます！って。そしたら子どもが「でも知らない人とは話しちゃいけないって保育園で言われた」とか。「なんでパパは、いつもお店でありがとうございますっていうの？パパだってお金払って買ったじゃん。今。パパがありがとうって言われるべきじゃないの？」とか。でもお店の人やってくれたでしょ、ありがとうって何で言わないの？と聞くのですけど。そしたら結構子どもは「きょとん」ってするのです。なので、そういう子育てのところで、自分が考えることと、それが100%正しいとも思わないですけど、子どもとやり取りする時など、昔の経験が少しずつ生きてきているなとは思います。

西野：なるほどね。なんだかんだ、怪我ひとつにしたってすごく敏感な社会になっていますよね。挨拶も、知らない人にしちゃいけないとか、大変な時代になってしまった。あれから20年、果たして社会はよくなったのだろうか。そのまま金井さんどうぞ。

金井：いま朏島さんが言っていたことと似ていますが。僕はこないだ結婚してまだ子どもはいないのですけれど、以前、逆に知らない小学生の女の子に、本当に知らない子に「こんにちは」って挨拶されたことがあったのです。「あー、こんにちは。」と返したのですけど、横にいた友達が「あれ防犯のためだよね。」と言っていました。わざと知らない人には挨拶をして、子どもの方からあえて挨拶しておけ、というのが一部ではあるらしく…。それが学校で教わっているのか、家で言われているのかはわかりませんが、そういうこともあるんだなぁと思いました。いいことなのか悪いことなのか、なんともわかりませんが。最近は小学校とかだと、男の子も女の子も、先生が“さん”づけとか。平等に接するっていうのですかね。そういう差別とかないように。条例が関係しているとは思わないですけど、逆にそういうのがエスカレートしてしまっているというか。あるべき姿ではないのではないか思うことはあります。そのへんが、何が正しいとか正しくないとかはないとは思うのですが、いいところ悪いところはあるとは思うのですけれど、もうちょっと気持ちいい感じにはならないかなとは思っています。できた時はすごくいいものが出来たなとは思ったけれど、やっぱり条例自体を知らない方っていうのも多いですし、それを知っていても、勘違いされているところもあるのかもと思います。

西野：ジェンダーの問題とかいじめ防止のために、今まで呼んでいた呼び方じゃなくて、いきなり名字に「さん」づけで呼びなさいとか、そういうのが徹底されるような社会になってきて、それはそれで必要になってきたのかもしれないけど、なにかモヤモヤするということですね。

金井：自分が学校の先生だったとして、お子様が…みたいには接したくないのです。もう自分の生徒たちは友達くらいのつもりでいったほうが、子どもも楽しいのではないかなって思うのです。自分が子どもだった頃を思い返しても。

西野：なるほど。そういう点では、条例づくりに子どもとして意見していた側が親になった時、おとなになった時に、社会は果たしていい方向に動いているのかなと、制定20年の時代に、自分が今度は子どもの意見を聞く側になるということなのですね。それでは、奈津帆さん。どうぞ。

山田（奈）：私は結婚していますが、子どもはいないです。だから今時の子どもがどう生活しているのかはちょっと自分の生活からは遠いですけど、今お話しくださった内容からすると、相変わらずおとながおとなを追い詰めているのだろうなと思いました。子どもを怪我させることとか、子どもが怒るわけじゃないと思うのです。それを怒るのは結局おとなで、そのおとなに対してまたおとなが恐縮するっていう、やるせないなぁ、もうちょっとみんなが、「子どもがやることだしね」でおさまればいいのに。というかそもそも、おとなだってやらかすのに。子どものやらかしの責任をおとながとれるって、なぜそんなに思っているのでしょう。ある意味すごくみんなおとなを信じているのだなと感じます。すべてが、そこまで完璧にできるわけがないというのを前提に、もうちょっとおとなが幸せな社会を築けないかなと改めて思いました。そして、今、お子さんがちょっと不思議なところを疑問に思うとか、不思議なところで子どもが挨拶してくるとか、それは、結局子どもがおとなを信じない社会っていう前提の社会ですよね。次の時代にはなんとかなっていかないかなぁと、いろいろと話を聞いていて思いました。

西野：子どもがおとなを信じない。そしてその問題は、おとなによって生み出されている。おとながおとなの問題を生み出しているということですね。

山田（奈）：結局はそうですよね、子どものため？おとなが「完璧じゃなきゃ」と思い込みすぎているのではないですかね。

西野：おとなが完璧を求めすぎているということですか。生身の弱さをもって、できない弱さっていうのを、おとながもうちょっと子どもの前でも出してもいいのではないかということですね。

山田（奈）：そのほうが、子どもにとっても、パートナーシップを築きやすいんじゃないかなと思うこともあります。

西野：おとなが、強くあれっていうよりも、お互いが、おとなも子どもも弱いところも強いところもあるっていう、そこらへんを出し合って対等なパートナーを目指していく。それが20年前に条例として発信したことでした。少しずつだけどパートナーが進展していっているのか、衰退していっているのか、変わってないのか…。

山田（奈）：いま子どもと直接関わることがあまりないので分からないですけど、子どもが自分で決める権利っていうことが条例でうたわれていますが、「今どきの若いものは」みたいな言い方はしたくないのですけど、新卒採用関連では、「自分のことを自分で決めない学生が増えている」

という言い方をされるのです。きっとそれは、子どもが大切で心配で、いっぱい誰かが助けてあげてきた結果なのかなとは思うけど、同時に子どもが失敗することが自分の失敗だって感じるおとなが多いからなのかなとか思います。なので、もうちょっと、おとなも失敗していいのだっていう前提が広まればいいのかなって思います。

西野：ありがとうございました。では、雪絵さん、どうぞ。

吉田：私は条例ができてすぐ、親になって、「おとながまず幸せでいてください」ということと、もうひとつ山田雅太さんのお気に入りのフレーズかと思いますが、「子どもとおとなは社会を作るパートナー」という言葉が私も好きで、子どもだから、おとなだから、というのがあんまり好きじゃない。私は、ずっと娘たちを０歳からパートナーだと思って育てて来ました。もしかしたら娘たちは迷惑しているかもしれませんが、子ども扱いしないようにしています。どの子にも。どんな場面でも。子どもの学校に行ったりとか幼稚園に行ったりとか色々な場面で子どもと出会いますが、「子どもだから」という感じで接しないようにしてきました。自分もできないことがあるし、子どものほうができるっていうこともあります。子どものほうが、おとなが思っているよりもできることがたくさんある、娘たちにもたくさん助けられたこともあるので、子どもだから守らなきゃいけない存在ではなくて、おとなの方が守られているのではないかと思うくらい、助けられたり励まされたりすることが多いので、やっぱりパートナーなのだなと実感することができました。条例づくりに関わったことで、こんなふうに感じることができました。

西野：それでは、次は金井くんに。金井くんが、子ども委員会から入って、条例に関わらなかった理由ってなぜでしたっけ？時期がずれていた？自分はどう関わって、今日なぜでここに来てくれたのか、自分で語ってもらっていい？

金井：もともとの、94年から始まっている川崎子ども議会というところから、この前からもあったりしたとは思うのですけど、行政区の子ども会議と中学校区の子ども会議というのに、最初は高津区だったのですけど、橘中学校区の中学校の子ども会議に小学校の頃にちょっと顔を出したことがあるのと、その流れで行政区の子ども会議の、その時は年に1回こういうふうにやりますよっていう、準備会みたいなところにたまたま参加して、そこから高津区の子ども会議の話し合いをやって、それを川崎市の全市でやるから、まとめるために代表として行きますよ、となって。その時に、誰だったかはわからないのですけどおとなの方から、じゃあこっちの会議も出てくれる？こっちも出てみない？という勧誘を受けて、気がついたらいろんなところに参加していたっていう感じでした。夢共和国の最後の2年間にも参加していました。子ども委員というのはもう決まっていましたので、直接、条例づくりの場っていうのには行っていないのです。夢共和国の活動には参加していました。

西野：それでは、最後に会場の皆さんとやり取りをしていきたいと思います。条例の認知度が、芳しくないという報告もありましたが、前に座っているメンバーから何か言いたいことがありますか？

金井：条例を作ってきた人間としては、認知度が下がってきたことは残念に思っています。学校とかで権利学習をしていないのかな、市の職員の条例に対する意識が薄くなっているのかなとか思っています。だから、権利条例を広めていかなければならないと、この子どもの権利フォーラムの活動に参加しています。

西野：子どものことは、この「子どもの権利条例」をベースに考えていかなければならないのにそうなっていない。もしかしたら、現場で子どもの権利学習をどうしたらいいのかわからない。忙しさのあまり「権利学習」ができていないのではないかという危機感をもって、フォーラムが立ち上がったということですね。ありがとうございます。内田さんから、子どもの権利委員会がまとめた「子ども参加の現状」の報告をしていただいて、その後皆さんからご質問受けたいと思います。

3 特別報告　子ども権利委員会からの「子ども参加の現状」報告

内田塔子（東洋大学准教授）

西野：それでは、条例制定後、順調に子ども参加は進んできたのか、停滞しているのか、子ども参加の現状を条例にもとづいて設置された子どもの権利委員会の実態・意識調査から報告してもらいます。では、部会長の内田塔子さんからお願いします。

(1) 学校における子ども参加の現状 ―教師は子どもの意見をよく聞いているか

内田：「子ども参加の現状」の資料をご覧ください。学校で何かを決めるときに、先生が子どもの意見を聞いているかを子どもに聞くと、「聞いている」(87.1%)「ときどき聞いている」(9.3%) あわせて96.4%が肯定的に答えています（図69)。先生に子どもの意見をよく聞いているかをたずねると、「聞いている」(69.8%)「ときどき聞いている」(24.7%) 合わせて94.5%が肯定的に答えています（図70)。同様に、子どもに関わること（運営方針、授業・保育内容、行事等）を決めるときに子どもの思いや考えを取り入れているかについても、「取り入れている」(68.0%)「ときどき取り入れている」(26.3%) 合わせて94.3%が肯定的に答えています（図71)。

図６９　Ｑ１４　学校で何かを決めるとき、先生は、子どもの意見を聞いていますか。【子ども：年齢別】

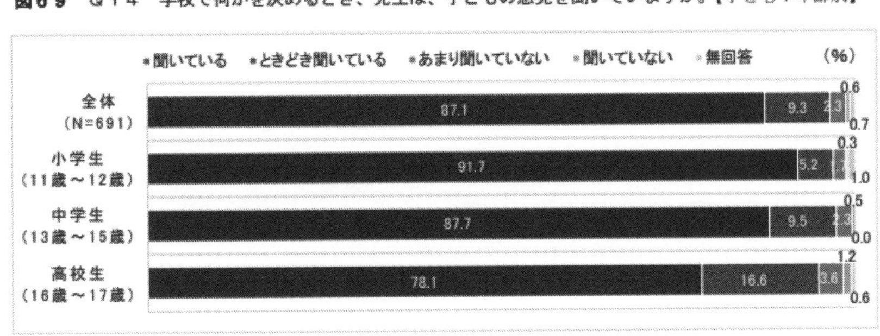

図７０　Ｑ２６　あなたは、子どもの話をよく聞いていますか。【職員：学校・施設別】

	聞いている	ときどき聞いている	あまり聞いていない	聞いていない	無回答
全体（n=384）	69.8	24.7	3.6	0.3	1.6
学校関係	64.9	28.0	5.2	0.5	1.4
施設関係	76.6	19.9		0.0	1.8

（%）

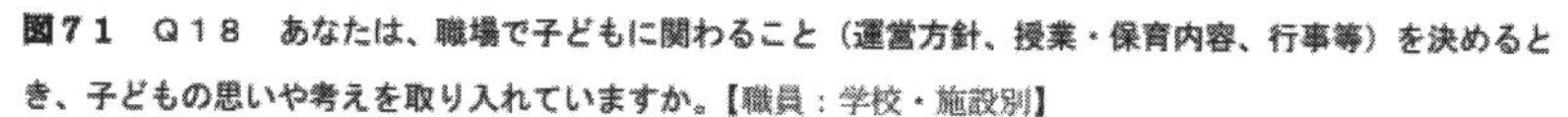

図７１　Ｑ１８　あなたは、職場で子どもに関わること（運営方針、授業・保育内容、行事等）を決めるとき、子どもの思いや考えを取り入れていますか。【職員：学校・施設別】

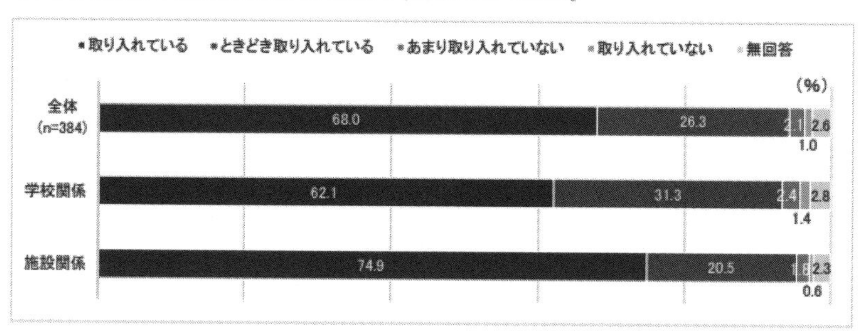

図はすべて『第６回川崎市子どもの権利に関する実態・意識調査報告書』（2018 年３月）より引用。

（2）地域における子ども参加の現状　―イベント参加が主流、話し合い参加は苦手?

次に、地域の活動・イベント・ボランティア等に参加したことがあるかを子どもにたずねると、「子ども夢パーク・こども文化センター・わくわくプラザの活動・イベント」や「地域のお祭り（みこし、模擬店の手伝いなど）」に参加したことがある子どもは、小学生でそれぞれ 35.5%、36.6%でしたが、中学生・高校生世代になると割合は減少し、年齢が高くなると「参加したことがない」子どもの割合が増えて、中学生で 41.4%、高校生世代で 46.7%が「参加したことがない」と答えています（図 74）。

図７４　Ｑ２０　あなたは、地域の活動・イベント・ボランティア等に参加したことがありますか。【子ども：年齢別】

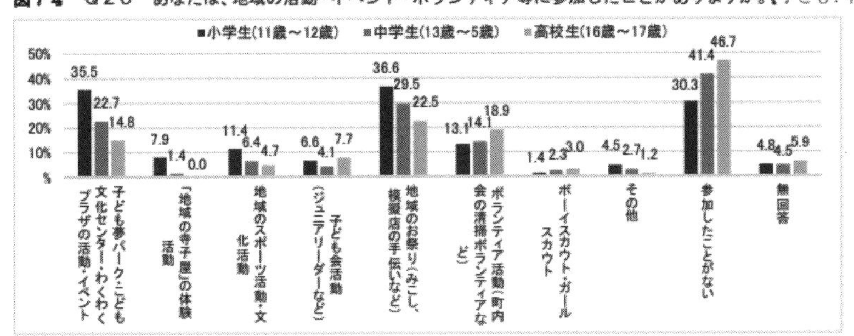

『第６回川崎市子どもの権利に関する実態・意識調査報告書』（2018 年３月）より引用。

また、地域における話し合いの場（例：子ども会議、子ども会等）に参加したことがあるかを子どもにたずねると、年代を問わず３～5%程度しか肯定的な回答がなく、小学生で 64.8%、中学生で 73.2%、高校生世代で 76.9%が、「参加したことがない」と答えています（図 75)。

図７５　Ｑ２２　あなたは、次のような場で、話し合ったり意見を言ったりしたことがありますか。

【子ども：年齢別】

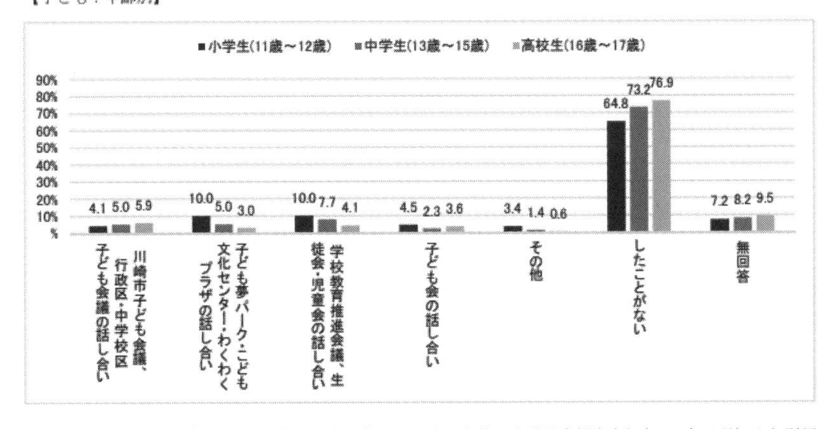

『第６回川崎市子どもの権利に関する実態・意識調査報告書』（2018 年３月）より引用。

さらに、地域で何かを決めるときに、おとなは子どもの意見を聞いているかを子どもに聞くと、「聞いている」（41.0%）「ときどき聞いている」（21.1%）

あわせて62.1％が肯定的に答えています。この点について、おとなに子どもの意見を聞いているかをたずねると、小･中学生の子どもがいるおとなは、「聞いている」「ときどき聞いている」あわせて51.2％（子どもが小学生）、50.0％（子どもが中学生）が肯定的に答えていますが、子どもがいないおとなは、「聞いている」「ときどき聞いている」あわせて17.4％にとどまりした（図73）。

図７３　Ｑ２１　あなたは、地域で何かを決めるとき、子どもの意見を聞いていますか。

【おとな：子どもの有無別】

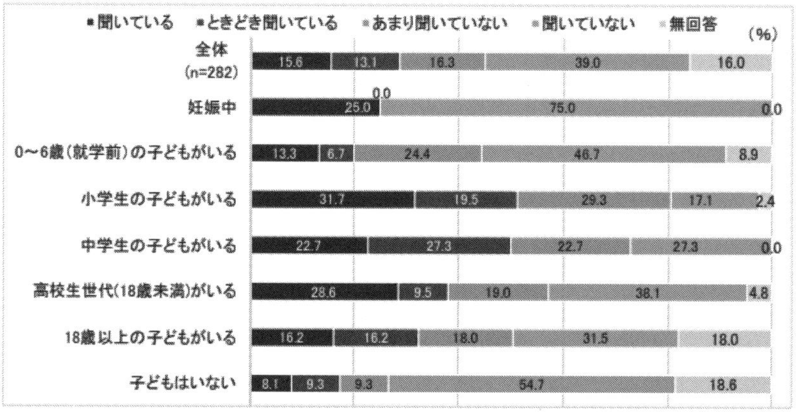

■聞いている　■ときどき聞いている　■あまり聞いていない　■聞いていない　■無回答　（％）

全体（n=282）　15.6　13.1　16.3　39.0　16.0

妊娠中　25.0　0.0　75.0　0.0

0～6歳（就学前）の子どもがいる　13.3　6.7　24.4　46.7　8.9

小学生の子どもがいる　31.7　19.5　29.3　17.1　2.4

中学生の子どもがいる　22.7　27.3　22.7　27.3　0.0

高校生世代（18歳未満）がいる　28.6　9.5　19.0　38.1　4.8

18歳以上の子どもがいる　16.2　16.2　18.0　31.5　18.0

子どもはいない　8.1　9.3　9.3　54.7　18.6

『第６回川崎市子どもの権利に関する実態・意識調査報告書』（2018年３月）より引用。

（3）今後の課題

アンケート結果からまとめると、学校の場合、子どもの参加は、子どもに聞いても先生に聞いても、９割以上が実践されていると感じていることがわかりました（程度の差はありますが）。一方で地域の場合、まず子どもの年代によって、参加経験に差があり、年代が上がると、参加経験のある子どもが減少すること、また、参加経験がある場合も、お祭りや活動・イベントには参加したことがあっても、話し合いの場には参加したことがない子どもが多いこと、地域で何かを決める時、おとなが子どもの意見を聞いているかどうかは、おとな側の状況、例えば今子育てをしているかどうかとか、またその子どもの年代によっても、ばらつきがあることがわかりました。また、先ほど、別会場で子ども会議の報告があったのですが、その中では、なかなか子どもが参加しにくい環境にあること、子ども会議の実施状況については地域によって差があることが指摘されていたことも付け加えておきます。

このような結果を踏まえて、今後は、とりわけ地域における子どもの参加をどのように保障していけばいいのか、子どもたちに思いや考えを聞き、おとな側の状況も踏まえながら、子どもとおとながともに考えて行動していく必要があります。

なお、アンケート結果の詳細は、川崎市ホームページで公開されている『第6回川崎市子どもの権利に関する実態・意識調査報告書』(2018年3月)をご覧ください。調査は3年ごとに行われ、初回の2003年から最新の2017年まで、6回実施してきました。3～4ページ目には、子どもの権利条例の認知度の結果があります。子どもの認知度は、初回調査の2003年に45.2%あったのが、2008年には32.4%に落ち込みました。その後、徐々に上昇していき、2017年は49.7%で、初回調査の回答の割合を超えました。おとなの認知度も、2003年に31.0%だったのが、2008年に18.8%に落ち込んだものの、2017年は38.3%で、これも初回調査の回答の割合を超えています。一方で、職員の認知度は、2003年の96.7%から減少傾向にあり、2017年は76.8%まで下がっています。この点は大きな課題です。

図3　Q1－1　川崎市子どもの権利条例を知っていますか。【子ども：経年比較】

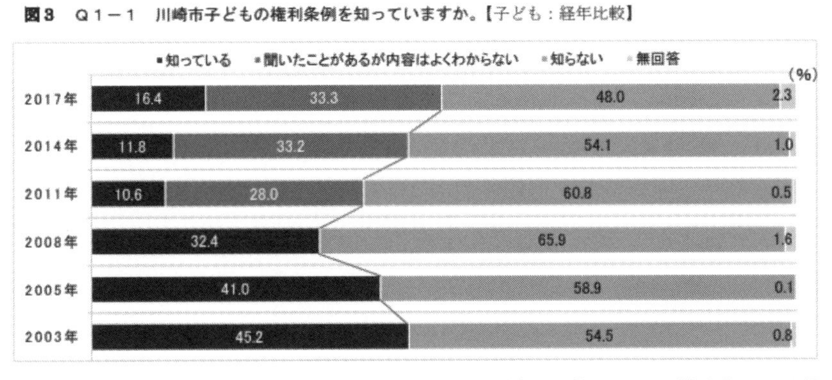

(注) 2003～2008年の調査では「知っている」「知らない」の2択

図7　Q1－1　川崎市子どもの権利条例を知っていますか。【おとな：経年比較】

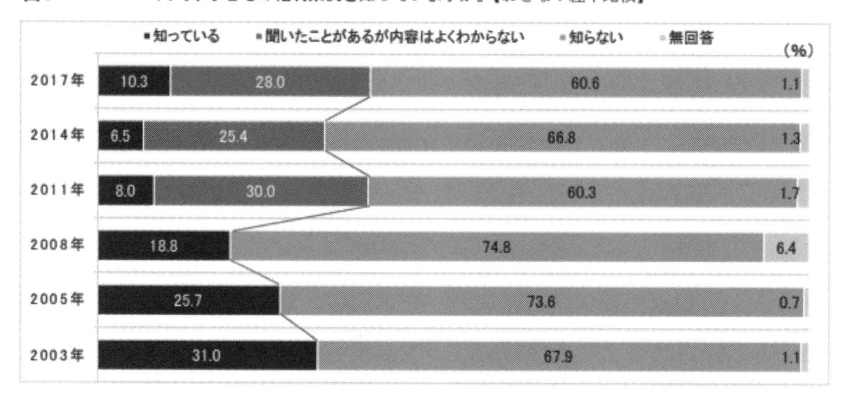

（注）2003～2008年の調査では「知っている」「知らない」の2択

図10　Q1　川崎市子どもの権利条例を知っていますか。【職員：経年比較】

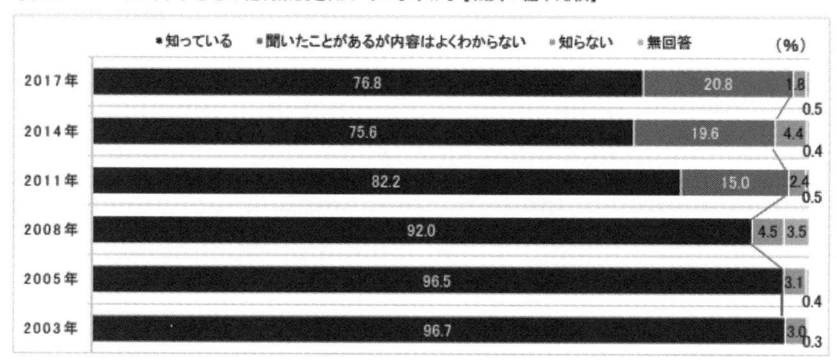

（注）2003～2008年の調査では「知っている」「知らない」の2択

図はすべて『第6回川崎市子どもの権利に関する実態・意識調査報告書』（2018年3月）より引用。

4　質疑応答 ―会場からの質問・感想

なぜ川崎なのか

Aさん：なぜ川崎市なのか。今までの話を聞いていて、率直に、川崎市って、このような状況ができて、こういう素晴らしいものが先進的にできていって、では他の自治体ではどうしてできていかなかったのかな、という疑問があります。なぜ、川崎市はこういう状況が作れたのか、というところを聞きたいです。

喜多：条例制定秘話として、条例づくりの仕掛け人として小宮山健治さんが話をしてくれました（本書Ⅲ参照）が、客観的に条例づくりを可能にしたいくつかの状況があったと思います。川崎市ではたまたま市政70周年の年が子どもの権利条約批准の年1994年で重なったことが大きいです。それで子ども議会が開催されて、子ども参加による子どもの権利条例を作りやすい状況ができてきたことと、第二にはこれは小宮山さんが言っていましたけど、1999年の地方分権一括法の成立により国から地方への機関委任事務は廃止され、これまでの中央集権的な国家から小さな政府へというか、国と地方は、それまでの上下・主従の関係から対等・協力関係へと変わることになり、特に子ども施策に関しては、自治体が計画を作って、施策を推進していくということが可能になった、それが99年の段階でかなり自由に自治体で条例が作れるような条件が揃ったことがあげられます。でもなんといっても川崎は、子どもの人権を地域で実現していくとりくみ、地域教育会議や子ども会議などの取り組みがすでに進められていたことが大きいと思います。川崎市子ども集会など子どもたちの動きが非常に活発だったことなどが子どもの権利条例を作っていく原動力になっていったと思います。いずれにしても川崎市が初めてです。全国で初めて条例ができて、その後川崎市を皮切りに北海道の奈井江町や富山県の小杉町などで子どもの権利条例づくりが始まり、現在では45くらいの自治体に増えて、全国に広がっていったと。そういう経緯でした。

西野：川崎は京浜工業地帯として活発になって、人も集まってくるし人口も集中してくるようになった。戦後、川崎が自治体として成長していく中には、外国人労働者を受け入れていくことでの人権問題が古くからあったということ、それから公害が起きてそれによる人権問題を考えなければならないとか､そういうベースがあって80年に起きた金属バットの事件が起きて、受験戦争が活発になり始めた時に、金属バットで両親を殴り殺す事件が川崎市内で起きたこと、そして87年に障がいのある子の頭を殴った教員によって子どもが体罰死してしまう事件など、いくつかのものが全部伏線となっていました。

川崎市以外では、1997年に酒鬼薔薇聖斗の事件だとか。条例づくりが始まる前年、兵庫県で起きた14歳の少年が11歳の子を殺して切った頭を校門に置くとか、ああいうのが全部、中高生が大変だとなっている時に、このタイミングで川崎では条例づくりに真っ先に手を挙げる流れになっていったということもあるかと思います。

喜多：さらに付け加えますと、私達が98年から立ち上がる前年の97年に、子どもの権利条約フォーラムというのを川崎市の国際交流センターでやっていたのですね、その時ちょうど川崎市は市長選挙の真最中で、高橋市長の三期目の選挙の投票直前くらいだったと思います。選挙公約として子どもの権利条例の制定が入ってくるのですね。私達はその時そのこととは全く関係なくやっていたのですが、そのことと偶然重なったということもありまして、その条約のフォーラムをやっていたことと、市長が子どもの権利条例を作ると言っていたことが重なって、私達フォーラム関係者が直接、翌年の9月にそういう作業チームに参加する流れができてきた、と。そんな偶然もあったように思います。

西野：ありがとうございました。ご質問の回答になったでしょうか？
それでは、フロアーからご意見、ご質問を下さい。

思い入れのある条文は？

Bさん：小学校の教員をしながら子どもの学習支援をやっているのですが、元子ども委員のみなさんに聞いてみたいと思いまして、この条例を作って、特にこの条文に思い入れがあるとか、あるいは自分が子どもだったら、こうあって欲しかったとか、そういうのがもしあったらお聞きしたいです。経験と照らし合わせて伺えたら嬉しいです。

朏島：特に自分が思い入れがあるのは、「ありのままの自分でいる権利」という条文があるのですが、今、自分がありのままでいいんだよって教えてもらったのは、喜多さんとかもそうですし、いろんな状況でいろんな意見をいえる場があった。どうしても今の子どもたちが受けている教育を、親の感覚で見てみると、皆フラットに、平等に、違う意見はなくてみんな一緒、同じところに並んで同じことやって終わり、みたいな感じに見えるので、別に違いがあっていいですし、身長高い子もいれば小さい子もいるし、肌が黒い子も白い子もいるし、そのままで素直に認められるような、本当に根底の部分のことだと思うのですが、そのあたりをなにか怖がっているように見えるような気がします。僕はこの第 11 条の条文がすごく好きで、是非現場でも子どもの違いを認めてあげてほしいなと思います。ただ、それって本当に大事なのか、それって本当はどうなのかっていうところを、教育に携わっている方々にはブレないでいただければなと思っています。

山田（奈）：私は第 13 条です。「自分を豊かにし、力づけられる権利」というフレーズが好きです。今日ふりかえったようないろんな会に顔を出していたのは、要は好奇心が旺盛だったのですよね。いろんなことを知りたくて、いろんなところに行って。自分の意見がどうこうというより、いろんなことを知りたかったというのが子どもの頃の私だったのではないかなと思うのですけど、そういうふうに家庭環境が違うとか、出身が違うとか、いろんな立場の子どももおとなもいるのだなってわかったっていうのが、最も貴重なことだったと思うところです。それで、「知らないことを調べることって面白い」と思って、大学にも行って一時期は研究者になろうかなんて思ってやっていたこともありました。そのあと結局は会社員になりましたが、人生が楽しいなと思えるのは、なにか新しいことを知ることを喜びだと感じられるからでしょうね。このままなら、何歳になっても楽しい人生だって思っているので、そういう意味で、自分が何かを楽しめるような力をつけましょう、そして幸福を追求しましょうって言っているように思えるこの 13 条が好きです。

教師の疲弊と現場の実情

Cさん：川崎市の高校の教員をしています。学校の教員が、はっきりいって疲れています。だから、子どもに対しても楽しいことが言えないし、言葉もきつくなってしまう。教員のゆとりがなければダメじゃないのかなと感じます。例えば川崎の南部にはふれあい館というのがあるのですが、そういう地域の施設に地域の子どもたちが来て、そこで心豊かに育っている面があるので、やはり地域との連携は必要かなと感じています。学校の現場では、伝達みたいな形で、意見を言ったとしても聞き入れない、といったような教員の中で、子どもたちに「さぁ話し合いましょう」と言っても、私は厳しいのではないかと思う。学校がすごく閉鎖的だな、と。ただ、権利条例が生まれて、すごく前よりかはよくなってきた。しかしながら、そういう中でこういうパンフレットを頂いても、配っておしまい、みたいな。中身の説明は意見表明権くらいなのです。社会科の授業でもそんな形になってしまっているのが現状なのです。保護者がクレームを言ったり、管理職がその対応をしたりするので手一杯で、「忖度学校」といわれています。学校を変え保護者とか変えるには、市民が変えていく、外から変えていかなければできないと思います。でも保護者の中には、自分の子どものわがままを、擁護するような形でクレームを言ってくる、そのクレームに教員は翻弄されているといったような、それが学校現場のすべてではないが、一部で起こっていることです。そういった現状の中に教員もいて、市民の皆様が、その中ではたらきかけをしていくことが必要なのかなというように感じました。感想です。ありがとうございました。

西野：ありがとうございます。先生たちも色々大変な状況に立たされていますね。

条例は活用が大事

Dさん：PTA役員のものです。子どもがいっぱいいまして、上の子が25歳、下の子が小学校５年生です。長いこと保護者の立場で子どもたち、先生たちと色々見てきたのですけども、川崎市の権利条例は立派だと思うのですが、それを活用しきれてないのがもったいないと思って。このパンフレットを私も貰ったことがあるのですが、じっくり読んだことがなくて。母子手帳のあの文章はすごくインパクトがあったなぁと思います。それだけ、そうだよなと思いながらも、条例の一文ずつをじっくりと読んだことはないです。で、学校現場でも、先生たちはその存在を知っているというパーセンテージはすごく高いのですが、中身までしっかり読んでそれを活用できてはいないのじゃないかなと思っています。保護者もじっくり読んで考えていくというのも難しく、やっぱり学校で先生も忙しいとは思いますが、そこで活用をして、保護者対象にするなり子どもを対象にするなり、活用ができたらいいのではないかなと思います。子ども対象に何回か権利についての授業をやってくださっていた先生もいました。先生が変わるとそれがなくなってしまうという現状もありました。是非、一人ひとりの先生方、せっかくあるものなので、活用してくだされればと思いました。

西野：ありがとうございます。もうあと２人くらいでお願いします。

対等なパートナーとして向き合う

Ｅさん：昨日西野さんのフェイスブックを見て、急遽仕事を休みにしてこちらにまいりました。貴重なお話が聞けて、来られて本当によかったです。実際に子ども会議をいま運営しているものです。子ども会議ということで、子ども集めて会議させるってことを一生懸命やって、そこに参加してくる子どもは地域の子どもたちで、満足して帰ってくれるのですが、地域における会議というのは、おとなの会議と子どもの会議の２本があります。元の発端はこの権利条例があるのだよっていうことはずっと知っていましたし、なんとなく眺めてはきたのですが、今日ここにきて、元子ども委員だった方々が、おとなが自分たちと対等の場所でいろんな意見を聞き入れるというか、飲み込みということではなく「受け取る」ということ自体が、子ども会議の意味なのだなということがわかったような気がします。おとなのスタッフは子ども会議で5～6人でグループ討論させる時に、誘導しちゃうからおとなは周りで見ていてくださいみたいな感じでやっていたのですが、そうじゃなくて子どもと一緒におとなも入って、そこで地域のこととか、そういうことを考えるということが大切、みなさんが子ども時代にいいと思っていた「子どもとおとなの付き合い方」が一番大切なんだなということを今日はヒントとしてもらえたのでこれから役立てたいと思います。

西野：ありがとうございました。おとなは遠巻きに見ているのではなくて対等なパートナーとして、意見を言い合う、聞く、話すということができたら、ということにヒントをもらったということでした。

Fさん：教員を退職したものです。この権利条例ができた当時、川崎の教職員組合で、チラシを配ったり各学校へパンフを配ったりして頑張ってくれていました。教職員組合から何かサポートができることがないのかなということを考えながら、また、応援していきたいと思っています。エールを送りたいと思います。

5 元子ども委員からバトンを渡す一言

西野：ありがとうございました。当時、条例づくりに関わった仲間たち、教育現場の人たち、それぞれ地域での立ち位置がいろいろな人が集まっています。いろいろな人たちの思いをもって条例が作られていったということだと思います。ここから、次に向かってバトンを渡すにあたって、子どもからおとなになったみなさん、今日の会に参加した感想を一言お願いします。

他者の権利を尊重する力と責任をこそ

吉田：気に入っている条文について、私だったらどれかなって思ったのですが、私は前文の中の「他の者の権利を尊重する力や責任などを身につけることができる」というところが一番気に入っていて、たまたま上の子の小学校の担任の先生にお願いをして、権利学習をさせて頂いた時に、一番最後にする話がこれなのです。「権利＝わがまま論」っていうのは子ども委員の中でもかなり長く討論した記憶があって、責任とか義務とかっていう言葉を入れたほうがいいという意見は、子どもの中にも、もちろんありました。自分のことを大切にすることも大事なんですけど、ほかのまわりのともだち、お母さんやお父さん、近所の人や先生、みんなに同じ権利があるんだよっていうことを最後にかならず伝えています。なので、学校の先生もすごく大変な時代になっているとは思いますけど、そのことだけ伝えればいいのかなって、自分をまず大切にしてほしい、その次に他の人のことも大切にしてほしいと伝えられればいいのかなと思います。

頑張りすぎない、無理しないで普及する道を

山田（奈）：いろんな現場の方とか、実際に日々子どもと接していらっしゃる方からの意見がありました。権利条例は認知度が高いほうが絶対にいいとは思うのですけど、誰も知らなくても、それこそもし誰も知らなかったとしても、子どもが幸せならそれでいいのではないかと。この条文が知られるということより、そういった精神が広まってくれればそれでいいのではないかなとは思います。そういう意味では雪絵さんが言ったことそのとおりで、これは何のためにあるのかと問われたら、「あなたとあなたの隣にいる人が幸せになるためにあるのだよ」ということさえ伝われば、きっとそれでいいのだろうなとは思いました。学校が頑張るとか、親が頑張るとかは、頑張るがプラスの意味ならいいのですけど、無理するっていう意味になっちゃうと、きっとそれは続いていかなくなってしまいますよね。頑張りすぎないまま、誰も無理せずにこれが浸透するにはどうしたらいいのかなっていうことを考えていきたいと思います。

西野：条文の内容も大事だけど、その精神をどう伝えて、あなたとあなたの隣にいる人が幸せになれるか、いい言葉をいただきました。ありがとうございます。

権利を学ぶ機会が大切

金井：思っていたこと、全部言われてしまいました。昔よく思ったのですけど、そもそもいろいろと問題があったからこういうものが話にあがってきていると思っています。おっしゃっていたとおり、暮らしているみんなが幸せならそれでいいじゃないかっていうところなのですけど、でもやっぱりいろいろと問題はあるわけで、川崎でもいろんな事件があったりしました。じゃあ条例を知っていれば防げていたものなのかと言うとそれはまた別の話なのですけど、でも条文ひとつひとつ、よく言われているのは「7つの柱」ですが、それがわかりやすくて、どれも当たり前なことなのですが、「あーそうなのだ」って気づかせてくれるような内容になっています。子どもたちと話す時もよくこれ使っていました。雪絵さんが言っていた、「権利ばっかり主張して、責任を考えろ！」みたいなことはしょっちゅう言われていました。授業中に大きい声出したいからってそれでいいのかって言うと、自由の面から言えば出していいけど、でもその隣にいる人は授業を受ける権利がある。その権利を侵害しているというところで、権利同士がぶつかりあった時に初めて、権利学習で権利を学ぶ機会が与えられるというところもあります。まぁそのたびにそういうことをするのも難しい話ですけど、日々が学習の場でもあり、いろんなところで見つけられるのかなというのはあるので、当然学校も家庭も忙しくてそんなことやっている時間ないよって言われるかもしれませんが、もしそうなのであれば、ご相談いただければきっと、なにか、勉強会の機会とかもゆくゆくはやっていきたいです。もうやっているのですよね。

親がまず権利を伝える努力を

胐島：実際に今日参加してみて、20年前のことっていうのは記憶をたどりたどりなので、親として話したいことがあって、教育に携わる人々がこれだけいる前で言うのもアレなんですが。高校の教員の方がさきほどおっしゃっていましたが、本当に大変だなって最近思うようになって、小学校中学校で権利の話なんか全くされてないのに、高校でいきなり権利の話やれと言われても、「なんで権利の話なんかやらなきゃいけないの？」ということになってしまうので。本当にまず、親がかわって、安心して生きる権利を、6歳とか7歳の子どもにどう伝えられるのかなって思います。時間を作れるのってやっぱり親なんじゃないのかなって。じゃあ親がいない子はどうすればいいのかなって。地域なんじゃないのかなって思う。じゃあ地域が守れないのだったら、子どもたちって誰が守るのって。じゃあここにいる人たちで、守りきれない場合はどうするのって考えたらきりがないのですけど、やっぱり子どもの権利の条例がある川崎だからこそできることっていうのは必ずあるはずなので、やはり一人の親として、もう一度20年前を振り返って、子どもたちにしっかり教えていきたい、教育するのはまず親であり、先生たちって実際ニュースとか見ていても、ニュースだけじゃ分からないことっていっぱいあって、やっぱり家に帰ってもやらなきゃいけないし、モノをなくしたりすればすぐ怒られるし、子どもたちの個人情報が、とか。それってもちろん人間なのでミスはあると思うのです。ただミスを許さない環境を作れば子どもたちって萎縮して成長しますし、個性なんて伸びやしないので、小さい頃から権利だったり義務だったり、親が意識して子どもたちにこれを難しいと思わせないことが大事なんじゃないかなと思います。難しいと親が思ってしまえば、いかんせん難しいということだけで独り歩きするので、本当にこういう機会があるとか、何かトラブルがあった時こそ権利学習の機会になるとおもうので、実際に何かトラブル等あった時にはこういうものを見ていただいて、実際にみんなで考えていける時間を作っていけたらなと思います。

西野：ありがとうございました。やはり、今日やってよかったですね。これに関わってくれた元子どもの方々が思いを込めて語ってくれました。条例の精神をしっかりと活かして、まちづくりをしていけたらと思います。まとめとして、条例づくり、喜多さんと一緒に中心になって関わってくださった荒牧さん、お願いします。

おわりに

これから条例をどう生かしていくか —子ども、市民の力で

荒牧　重人（山梨学院大学教授）

みなさんありがとうございました。また参加してくださったみなさんもありがとうございました。結構昔のことを思い出したりしたのですけど、みなさんの今日の話を聞いていまして、やっぱり川崎市の子どもの権利条例というのは「子どもとともにつくった」ということがおわかりいただけたかと思います。こんなにすごい制定秘話があったということを確認したいわけではなくて、条文に込められた思いとか条文の意味というのを改めて確認した上で、20年経ったいま、この条例をどうやって生かしていけばいいのかというのを考えたくて、制定当時の話をしてもらっているわけで、けっして昔は良かったとか、こんなにすごかったのだということを確認したいわけではありません。

川崎市は、条例をつくるときに覚悟を決めたというのがすごいと思ったのです。実際に条例を作る委員で、確か23人のうち子ども委員が9人、子どもたちから子ども委員会というのを作ろうというのでまた呼びかけて、すごいなと思ったのは、朝鮮学校の子どもや障がいのある子どもと交流をしながら検討をしているのですね。おとなだったら、すぐに、困ったこと無い？とかどういう状況？とかなるのですけど、子ども委員たちはまず友達になることからはじめて、そこから少しずつコミュニケーションをとっていったのです。私たちが条例づくりに関わっているときに、そういう子どもたちの姿を見て、

子どもってすごいなと思ったものです。そのための機会だったり場面だったりをどう作っていったりしていけばいいのかを考えていければいいのです。

子どもの権利を大切にするところと否定的な部分の分かれ目って、ちゃんと子どもの力を信頼しているかどうかなんです。許容量が狭まっている状況で、子どもが本来持っている力をどこまで信頼できるかということになる。子どもの育ちとか子どもの思いとかをどこまで受け止められるようになるのか。そういうことを川崎が全体でやっていこうというのがこの条例で、そのためにいろんな仕掛けを、いわゆる制度や仕組みを作っていかないといけない、そうしないと、ただ子どもは大切ですねと言うだけでは意味がない部分があって、だからこそ子どもの参加の仕組みや子どもがSOSを出す仕組み、更にその条例を実施するための計画、条例の計画がどこまで実施されているかということを検証する仕組みとか、いろんな仕組みを作っていったのです。

なんで「かわさき子どもの権利フォーラム」という団体を作ったかというと、最終的にはスタッフ、専門家とかじゃなくて子どもを含む市民が、これを支えなければ、まち全体で子どもの育ちを支えていくことはできないからなのです。だから20年たってもう一度、市民の手でこの条例を実施しましょうということで、こういう権利フォーラムというのを作りました。こういう学習会をやっているので、一番最初に代表の山田さんが訴えましたように、ぜひ「かわさき子どもの権利フォーラム」に一緒に参加してください。

ともに条例を実施する、最終的には子どもの権利の特徴でもありますけど、子どもの権利だけが保障されることは殆どなくて、だからこそおとなも幸せになっていますか？という問いかけが、私達に響いてくるのですね。保護者や教職員や保育士さんの権利や条件が保障されなければ、子どもの権利が保障されることはまずないわけですね。だから、子どもとおとなのいい関係を作っていこう、単にいい関係ということではなくて、パートナーという形でやっていこうと。

この条例は、子どもたちの意見をパクったり、取り入れたり（笑い）…。実際に、前文などは、川崎市子ども集会の宣言を取りパクっているのですね。「7つの権利」というのも子どもたちの言葉の中のキーワードを拾っていったものなのですね。そういう形で、子どもとともに作っていった。だからこそ、子どもとともに実施をしていこうというのが、この会の趣旨ですので、今後ともみなさんと一緒に、子どもと一緒にこの条例を活かしていきたいと思います。今後ともよろしくお願いいたします。

こどもたちの手づくり商店街 ―こどもゆめ横丁

Ⅱ

子ども夢パーク・フリースペースえんの誕生秘話

子どもとスタッフでつくったウォータースライダーで遊ぶ子どもたち

パネルディスカッション②

■コーディネーター

川崎市子ども夢パーク所長　西野　博之

■パネリスト

元市民局人権・男女共同参画室長	小宮山　健治
元教育委員会事務局指導課指導主事	金井　則夫
元教育委員会事務局生涯学習推進課副主幹	保科　達夫
元教育委員会事務局総務部人権・共生教育担当指導主事	三ツ木　純子

＊肩書は夢パーク設立当時のもの。敬称略

2019 年 12 月 22 日　川崎市高津市民館にて

主催者あいさつ

子どもの権利についてもっと深く学び、つながりたい

かわさき子どもの権利フォーラム　代表　山田　雅太

子どもの権利条例が川崎市にできて19年になります。今月、「川崎市差別のない人権尊重のまちづくり条例」も成立しましたが、外国人の人権を大切にしよう、様々な市民と共生しようというような理念は、条例ができたから浸透していくというわけではないと思います。これから、市民の中で語りつなぎ、醸成していく作業が大切になります。私たちも「子どもの権利」というとすぐ「わがままだ」と言われるところから、19年間「子どもの権利を大切にしよう」「子どもも一人の人間だ」と市民の皆さんや県外の皆さんに伝えてきました。今日お集まりいただいた皆様は、子どもの権利についてもっと深く勉強したい、繋がりたいという人ばかりだと思います。ぜひ、今日の話をそれぞれの地域や家庭、学校などに持ち帰り、語り継いでほしいと思います。

（※数字は2019年12月現在）

パネラー：自己紹介とひと言

西野：子ども夢パークの15周年記念で作った映像を見ていただきました。子どもの権利条例を基にここまで来ました。現在年間約9万人の人が利用しています。オープンしてから今日までに夢パークを利用してくれた人は、およそ120万人になります。この夢パークがどのようにしてできたのか、夢パークの中にあるフリースペースえんがどのような経緯でできたのか、その誕生秘話ということで皆さんにお集まりいただきました。お一人ずつ声をお聞かせください。この人達がいなかったらこの権利条例はできませんでした。

小宮山：小宮山です。もともとは中学校の教員をしていましたが、その後教育委員会に入り、子どもの権利条例を作るときの事務局を担当していました。映像を初めてみましたが、20年近く経って子どもたちがのびのびと参加できるようになってきたということを大変嬉しく思います。条例が検討されていた当時はこういうものが実現するとは思っていなかったのですが、その経緯についてはまた後ほど。

金井：20年程前に中学校の教員から指導主事になり教育委員会に異動しました。その少し前に文部省と科学技術庁が一つになり、文部科学省となりました。教育の中身もだいぶ変わった時期です。

保科：2001年から2003年の、夢パークができるまで事務局を担当しました。それまでは市民館で社会教育をやっていました。呼ばれてからは3年間夢パークの担当をしていました。

三ツ木：教育委員会総務部人権・共生教育担当の指導主事、その前は小学校の教員でした。条例施行の年から3年間指導主事としての立場で関わってきました。夢パークをつくるとき、子どもの声を聞き、すべての子どもが学び、遊び、集える施設になったらいいと思い描いていました。

1 夢パークは条例なくして語れない！

西野：今日は会場にも、条例づくりや夢パークづくりに関わった方たちの懐かしい顔が見えます。こういった方々といっぱい話し込んで、時には喧嘩をして、飲み明かし、色んなことを経験して奇跡のように今こうして条例を継続させて夢パークを作ってきました。その辺りの思いを届けられたらと思います。どこから話そうかなと思いましたが、夢パークを語るのに条例なくしては始まりません。今年は子どもの権利条約が採択されて30周年と記念すべき年になっています。なぜ権利条約から川崎で日本初の総合条例としての条例作りに入っていったのか、まずはこのあたりの「なぜ」が見えてきたらいいかなと思います。なぜ、子どもの権利条約を活かしたまちづくりをめざしたのか。条例前史として、当時、川崎はどんな時代であったか。資料1を見てください。（資料1）

子ども権利条約を活かしたまちづくりへ

《条例前史》条例がつくられる前の社会背景

・川崎市は日本の首都東京に隣接し、1960年代の高度経済成長期に市南部の京浜工業地帯を中心として、急速に発展
　⇒労働力として支えた貧困層の人々や外国人労働者の人権問題・小児ぜんそくなどの公害問題⇒人権保障が日常課題であった
・1970年代からの受験戦争の激化
・1980年川崎「金属バット殺人事件」（20歳の予備校生が両親を撲殺）
・1987年川崎市内小学校の特別支援級で体罰死事件
・1990年頃から、児童虐待の深刻化にともなう総合的な取り組みの必要
・1994年　日本が国連「子どもの権利条約」を批准
・1997年神戸連続児童殺傷事件（14歳の中学生が2人の小学生を殺害・3人に重軽傷を負わせた。11歳の少年の頭部を切断。中学校の校門の前に置いた）
⇩
・「川崎市子ども権利条例」（日本初の子どもの権利に関する総合条例）の制定を目指す

資料１　川崎市の京浜工業地帯としての歴史・年表

川崎は高度経済成長期に京浜工業地帯を中心に急速に発展した都市です。そこには、在日外国人や外国人労働者を取り巻く差別や貧困、環境汚染による小児喘息などの公害問題など様々な課題を抱える自治体でした。70年代から全国的に受験戦争が激化し、あの金属バット殺人事件も川崎で起きました。両親を20歳の予備校生が撲殺するというショッキングな事件です。87年には市内小学校の特別支援学級で先生が子どもの頭を叩いて死なせてしまう体罰死事件が起きました。90年代、児童虐待深刻化に伴う総合的な取り組みが必要になる中、条約が日本で批准されました。97年には神戸の連続児童殺傷事件。中高生が何を考えているのか分からない、14歳怖い17歳怖いという時代背景を基に川崎では条例づくりをスタートさせたのです。実際条約から条例に引っ張ってこようとした立役者である小宮山さん、このあたりどんな流れで川崎では条約から条例に向かったのか経緯と思いを。

条例づくりの前段階―子どもの権利条約を子どもたちに伝えたい

小宮山：私は条例づくりを命じられた方なので。ただ社会的な背景については西野さんが言っていた通りです。川崎市では虐待問題でも結構揺れていました。児童の虐待問題で児童福祉審議会等でも虐待問題についての対応策が検討されていました。ただその前に子どもの権利条約が批准された段階で、川崎は、まずこの権利条約の中身を子どもたちに伝えないとおかしいのではと。国は条約を批准していましたが、当事者の子どもたちに中身が何も伝わっていなかったのです。それで川崎市では特に教育の関係者、社会教育、地域の子ども会など色々実践されている方々と、子どもの権利保障のために協力者会議など組織体を作って何か自分たちでできないかと考え合っていました。そこで最初にやったのが、実際に国連で採択された子どもの権利条約の中身を川崎の子どもに伝えていくことでした。これを川崎の児童生徒全員に、小学校の低学年、高学年、中高生用と3種類の子どもの権利条約のパンフレットを作って伝え始めました。それが権利条例の前段階で既にやられていました。全国のどこの自治体でもまだ条約のパンフレットは作っていませんでした。国は子どもたちに伝える中身については自治体任せだったので、自治体がやらなければ子どもたちに伝える方法がありませんでした。

子ども参加のまちづくり—子ども夢共和国

小宮山：実は条約のパンフレットを作って、子どもたち全員に伝えていくという作業と同時に、子どもたちがまちづくりに参加していく、子どもが地域社会に参加していく、子どもたちの参加をどうにか保障できないかと一方で考えていました。それを川崎市の教育委員会の生涯学習を中心にして、川崎の子ども夢共和国という事業を展開していきました。これは子どもたちの視点でまちづくりに色々な意見を述べていくというものです。そのために会合をもって、いろんな会話をしながら自分たちもまちづくりに参加していく事業を展開していました。川崎市議会では、実際に市議会の議場を使って子ども議会をやっていました。これは川崎市内の公立学校だけでなく、私立学校でもです。朝鮮学校の生徒も、初めて川崎の議場に入って自分たちの訴え、子どもたちの訴えを議員たちに伝えるということもやっていました。そういう流れの中で、一方で先ほど言ったように虐待問題、いじめ、体罰の問題をどういうふうに考えていったらいいのかと、当時の市長がさまざまな取り組みをベースに考えながら、川崎市独自の取り組みを作ってもいいのではないかと考え、公約の中に入れ込んでいきました。これにはいろいろな働きかけがありました。これが条例を作る直接的なきっかけになったと思います。

保科：川崎は社会教育が市民とともに歩んできた地域で、まちで子どもたちを支えていこうという子ども夢共和国という事業も生涯学習推進課が所管していました。全市から集められたといっても学校の先生が集めたのではなく、自主的に手を挙げた子どもたちが、色んな子どもがいたと思いますが、夢共では月に１回集まって課題を見つけて話し合っていました。

西野：そういう文化があったんですね。よく条例づくりとか夢パークはどうやって作ったのかといった質問があります。オープンして16年経ってもまだ年間150件の視察があります。そのオープンまでの経緯を知りたい人がいると思いますが、まずその背景として、すでにこのような地ならしがあったわけです。権利条例を持ったことが大きな意味を持ったと思います。条例を作った子どもたちが今はもう成長して、その当時の子どもたちが語ってくれた会もあるので、その報告は改めてできたらなと思います。

2 条例づくりの後は居場所づくり

西野：1998年から子どもと市民が一緒になって条例づくりを行いました。夢共の子どもたちとこの条例づくりの子どもたちに関わってもらいながら、二年間に200回の会議と集会を開いて作ってきました。2000年12月に川崎市議会で条例が満場一致で採択されました。子どもを権利の主体である一人の人間として尊重すること、これが物凄く大事でした。そして子ども市民、おとな市民という言葉ができて、子どもとおとなは社会を構成するパートナーだと条例の前文に明記されました。また7つの人間として大切な権利を規定しています。(資料2)

そしていよいよ第27条「子どもの居場所」という条文が入ります。第2部の方で当時条例に参画した学識の方たちの話もうかがいますが、本当に苦労しました。この子どもの居場所という条文が入ったことには夢パークが誕生する大きな基になったと今でも思っています。夢パークのエントランスに第27条を書いた看板が立っています。ありのままの自分でいること、休息して自分を取り戻すこと、自由に遊びもしくは活動すること、または安心して人間関係をつくりあうことができる場所、以下「居場所」という、これが大切であるという言葉を法制局の人がよく条文の中に落とし込んでくれたなと思います。こんな居場所づくりの本題にいよいよ入ります。

川崎市子どもの権利に関する条例
→2000年12月 制定、2001年4月 施行

子どもの、人間としての大切な権利

・安心して生きる権利
・ありのままの自分でいられる権利
・自分を守り、守られる権利
・自分を豊かにし、力づけられる権利
・自分で決める権利
・参加する権利
・個別の必要に応じて支援を受ける権利

資料2　子どもの人間として大切な「7つの権利」

私たち子どもの権利条例調査研究委員会が2000年6月に答申を市に出します。議会で採択するのが12月。その間に6ヶ月の猶予があります。6月に答申を出した頃、私の耳元で小宮山さんが「次は居場所づくりだよ」と囁きました。最初何言われたのかと思って、条例を作って出したところでお役御免かと思ったら、次は居場所づくりだよと。その背景、そこら辺はどんなところでしょう。

答申から条例そして制度・しくみづくり

小宮山：2000年12月21日に市議会全会一致で可決されて、この権利条例ができました。議員全員が賛同してくれたことが嬉しかった。この条例では、答申をもらったものをきちんとした市の条例に変えていかなければならない作業がありました。6月に答申をもらってほぼ毎日、答

申の中身としてこの一部が何を指しているのか、その一文の背後にあるのは何なのか、その一文によって市は次に何をしなければいけないのか、今、市が進めている事業のどこにバッティングするのか、法律と矛盾がないのか、一項目一項目を審査しながら条例に変えていきました。子どもたちの意見とかいろんな対立した意見を含めて、それを市民集会等へ出して、この背景にはこういうことがある、この一文にはこういうことがあるということを伝えて、法制課の職員と一緒に学習して条例に切り替えていきました。

ただ川崎の条例は総合条例ですから、この条例のあとに制度や仕組みとか別の条例が必要になってくる内容を検討していました。（本書Ⅳ参照）一番大きく並行してやっていたのがオンブズパーソンの条例です。これは虐待問題、いじめ、体罰も含めて、子ども同士、民間同士の間にも市で設置した機関が入って調整をしていく、場合によって救済もする、それをどうやって作るか、どういう規模で、どこに、何人ぐらいのスタッフで作るのかを議論していました。子どもが地域社会に参加していく、子どもの参加を支えるための仕組みをどうやって作っていくのか、地域社会で作れるのか、学校で作れるのか、あるいは子どもが通っているこども文化センターとか子どもの為の施設でどうやって子どもの意見を反映させるのかの議論が並行して進められました。

子どもの居場所というのはさらりと書かれていますが、「居場所」と条例に入ったのはこれが全国でも初めてです。子どもにはありのままの自分でいること、休息して自分を取り戻す、自由に遊ぶ、活動すること、安心して人間関係を作りあうことができる場所というのが居場所なんだと。作れるかどうかは分からないから、まずはいろんな場所に居場所についての考え方を「普及」することにしました。その次に居場所の「確保」という言葉を入れ、そのあとに「存続に努める」こととしました。今ある子どもたちが集まって活動している施設が廃止されないように存続させる、それと同時に子どもの居場所の確保を入れ込む、入れた以上は市は拘束される。これに対してどうやって新しい活動拠点を作っていけるのか行政の内部では可能性についての、どこまでやれそうか、どこがいいか、本当にできるかの調整に入っていきました。総合企画局という全部の局を調整するところが入って居場所づくりを全体に具現化していくために動き始めました。

子ども参加・市民参加の夢パークづくり

西野：全市の総合条例というのはそういうことなんだなとすごくわかりました。居場所が必要な背景としては本当に子どもたちがストレスを溜めている。これだけストレスを溜めている子どもたちのガス抜きができる遊び場、それも地域の中に、危ないからやめろ、ボールを使うな、騒ぐなと言われるんじゃない地域環境を作り出すこと、遊び場の環境を作ることが絶対に必要だという思いをもって市民の方々から話を聞いていました。いよいよ夢パーク作りには子どもの声を聞いて、市民がいっぱい入って、夢パークどんなふうにしたらいい？というワークショップを開きました。（写真参照）工業跡地だった何もないところを子どもたちが歩きながら……そして、小学校の体育館でワークショップをする。のべ287人の参加者と1725人のアンケートによる子どもの声を聞いてハードを整備していきました。

「学校復帰は考えない」と言われて目が覚めた

金井：中学校の美術の教員をやっていて、それから教育委員会にいっていろんなことを学びました。特に学んだのは、西野さんとお会いしてからこういう価値観もあるんだなと知ったことです。指導課に入る前は、まだ不登校という言葉が使われていませんでした。その3年前に文部省が不登校という言葉を使い始めていました。それまで登校拒否など、様々な言い方をしていましたが、定義付けをすると登校拒否と不登校は違うものです。実際にこうした関わりの中で、自分がやってきた美術教育の中でもこうした考え方も、大事にして具現化していきたいと考えました。美術というものは答えが一つではない部分があります。

不登校という話が出てきた時に、学校はまず学校復帰、学校に行くことが大事だと、教師はそういう頭でいる部分があります。保護者も学校に行けないという悩みを聞いていました。そういう中で、これでいいのか。学校に復帰させるのが一番大事なのか。という疑問をずっと持っていました。そんな中で西野さんが明確に「学校復帰は考えない」と言われて私は目が覚めました。

不登校に対して学校復帰というのは対局にあるような考え方、捉え方をしています。そんなことでいいのか、もっと違う価値観が大事なのではないかと。今は子どもたちに教えるときはパラダイムの転換が大事であり、枠組みを変えないといけないと。自分の頭の中でつくり上げた価値観だけで物事を捉えても、それ以上にはいかないなどと話しています。いわゆる二項対立からもっと違う、新しい価値観を作り出すことが大事だと学びました。「脱構築」、そういうものを作り出していく新しい価値観が大事だと考えるようになりました。

子どもが探せる選択肢を増やす

西野：今、金井さんは不登校の子どもの居場所についても触れられていました。遊び場作り、それから教員の中にあった価値観の中で、学校復帰か行かないかというそういうことじゃなくて、行きたくても行けないで苦しんでいる子どもたちにもう少し光をあてる。価値観を変えてこの子一人ひとりの居場所を作っていくのにどうしたらいいのかという考え方を手に入れていかれたというお話がありました。

三ツ木：私も学校現場にいたときに、以前から学校に来られない子がいました。私の周りにいた方のお子さんもひきこもりでした。その方から今子どもは学校に行けない状態だから、というのを認めないといけないと言われました。来られないならこちらからアクションを起こさないといけないのかな？と思いながら、絵葉書を送ってみることにしました。ある日その子から「学校に行きたい。先生に会いたい」と、伝言が届きました。子どもたちは安心できて、いろいろな経験をしながら成長できる場所が必要なんだなと思いました。

子ども会議で子どもに会って、「おとなも子どもの話を聞いてくれるんだ」と言われたことが一番衝撃的でした。いろいろな背景の子どもたちがいます。ダブルの子どもや外国に繋がりのある子ども、大きな課題を抱えた子どもたちがすべてここなら安心して行けるという場所があってもいいなと思います。社会としては学校に子どもは行くものだという風潮はあったように思います。私の立場としては、学校以外の場所でも子どもが成長できる場所があれば、ベストだと考えていました。PTAの研修に呼ばれ権利条約の話をするときも、不登校が話題になりました。今は行けない状態なんだという理解をしてほしいし、子どもたちが今一番したいことができる場所を自分で探せるような選択肢があるといいと話しました。

不登校という言葉は使いたくない

小宮山：夢パークは不登校の子の居場所を作るためにというだけで始まった場所ではありません。実は、条例にも夢パークを作る時にも、不登校という言葉は使われていません。言葉でラベルを貼るという危険性を当時から感じていて、不登校といったって子どもが100人いたら100

通り皆違います。置かれた状況も違うのに、国でいえば法律、自治体の法律になる条例で不登校という言葉を使ってラベルを貼り付ける事に対して違和感がありました。事務局の担当としては不登校という言葉は条例に使いたくないと思っていました。それは何もしなくていいというわけではなく、教育委員会もいろんなことを考えていました。不登校の子に対しての居場所作りについては事業や施策の中で展開していくのが重要であって、条例でラベルを貼り付けてこの子どもたちに規制して枠にはめこむことにならないように条例を持っていったほうがいいと考えていました。

だから、夢パークでは不登校の子どもたちも合わせていろんな子どもたちと出会えて関係性が作れる、そういう遊び場としても使えるようなものが作れないかというのが課題でした。それで必死になって場所がないか、市がそっちの方向で動いてくれないかということで、そういう土地の調整や全局の調整に動いていた総合企画局の担当に、水面下ではどこかにそういう土地はないのかと折衝をしていました。ただし、不登校というような変なラベルをつけないような配慮は必要だとずっと考えていました。

西野：そこらへんはナイーブなところがあって、私と小宮山さんは、子どもの不利益になるようなラベリングはしないということで一致していました。その一方で、学校に行きづらくなった子どもたちの居場所づくりに関わってきた私の立場では当初、むしろ不登校という言葉を戦略的に使ったほうが政策的に動いて、お金が動く仕組みを作れるのではないかとも考えて迷いました。でも小宮山さんたちとことこん話し込んで、不登校という言葉で喜ぶ子はいない、これは勝手におとながラベリングしたものだからと、使わないと決めました。地域の中で子どもたちの居場所を作っていく。どんな子どもも「この私でいいんだ」と思える空間と人との繋がりを作っていこうという方向で舵を切りました。誕生秘話の背景には、皆の思いが子ども一人ひとりのところに寄り添ってその思いを実現しようと集まってくる、大きな空気の流れの中で、皆で大事なことを共有していった。でもいっぱいぶつかりもしましたね。そんな中で保科さんは子どもの参画の中でワークショップもやっていかないといけない、子どもの声も拾っていかないと、大人たちの方も動かさないといけないといろいろ苦労があったと思います。そこのところを。

3 川崎市子ども夢パークはこうして創られた

津田山の土地を有効活用

保科：条例にもあるように、物事を進めるにあたっては子どもから直接意見を聞く。川崎市には子ども議会や各区での地域教育会議、中学校区での子ども会議など多くのところで取り組んでいました。ですから子ども参加というのをある程度日常的にやってきた背景があります。夢パークは津田山に土地があってできたのですが、その土地はそれ以前に先行取得した土地で、その土地の有効活用をしなければならず、市はそのための施設を探していました。そういうタイミングで夢パークの建設が決まりました。夢パークを作るにあたっては、ハードの面、ソフトの面においても子どもの参加というのが必要だということで運営委員会を作ったのです。ここにはおとなも子どももいます。その下に作業部会があり、外から見るといろいろごちゃごちゃしている組織が毎週のように集まって、おとなも子どもも突貫工事でやったという思いがあります。具体的には子どもの意見をまずは取り入れてやっていくという手法でした。子どもの意見といっても 100 人いれば 100 通りの意見があって、例えば温泉を作ってほしい、ボーリング場をやってほしいなどと、制限をつけないのでいろんな意見が出ます。それを子どもたちの中で揉んでもらって、ある程度統一したものを作って、形にしていきました。

夢パークを子ども参加の拠点に

小宮山：今言っていた子どもの意見というのは条例にも書き込みました。子どもの参加については第４章で条例をまとめていますが、ここで子ども会議のためにも子どもが参加できる拠点を作ることを入れ込んでいます。夢パークはある意味子ども参加の拠点でもあります。その条例の第34条に「市の施設の設置及び運営に関する子どもの意見」という条文見出しで作られており、「市は子どもの利用を目的とした市の施設の設置及び運営に関し、子どもの参加の方法等について配慮し、子どもの意見を聴くよう努めるものとする。」と定められています。新たに子どもの施設を作るときには当然子どもの意見を聞かなければいけないんだ、現在子どもたちが利用している施設では子どもの意見を運営に活かしていかなければいけないんだと。これも地域での子どもたちの活動に関して２年間ずっと子ども参加について議論した中で生まれてきた条例であります。夢パークはこれを受けて２年３年とかけて作っていった施設であるから、子どもたちの意見をその中に活かしていくこととなりました。

西野：そういう意味では、なぜ夢パークが広がっていかないのか。一つとしては規模がでかいんですよね。１万平米、3000坪。相当大きな金が動きました。なぜ交通の便がいい津田山に子どもがどろんこで遊べる場所ができたかという奇跡も、工場跡地に中央図書館を作ろうとしていた土地が、バブルが弾けて建てられなかったので空いていたという奇跡も起きたからです。

保科：西野さんが言ったようにたまたま津田山に土地があったという話はその通りですが、未来を担う子どもの施設を子どもたちが作るというと誰もが理念に賛成する、反対しづらいという面もありました。施設を作る担当者として議員の方々から様々な質問を受けるんですよ。議員の質問って嫌な仕事ですが、しかしそれが一番楽な仕事でした。なぜかというと、夢パークは子どもたちと話し合って作るんです、子どもに決めてもらうんです、と最後には印籠のように出すんです。そうすると誰も反対しません。子どものための施設、子どもが作りたい施設だと考えたら、誰も反対しづらい。

西野：子どもの施設だと言うと、それでも僕らは苦労してきた…学校に行っていない子どもの施設というと青山で児童相談所をつくろうとして反対されたように、不登校の子が来る場所は山の中でやってくださいとか言われてきました。本当は子どもの施設だからって、泥で遊べて煙も出るような場所を皆賛成してくれたのかな？

学習交流スペース「ごろり」の誕生—「昼寝したい」の子どもの声から

保科：そういう内容で夢パークを作るということで特段反対だということはありませんでしたね。幸運もありました。自治会の方は理解のある方でしたし、またそこを地盤とする議員の先生も子どもの政策でやると言ったら賛成してくれました。自治会の方も話し合いを持ってやってくれました。特に自治会で関わった方はその後夢パークの支援委員会の委員長になって積極的に協力してくれました。そういう意味で地元には恵まれていたと思います。

西野：ここにある推進委員会と作業部会でハードを整備していて、どんなにハードが整ってもつまらない規則がいっぱいあったら実際に使っていくには子どもの居場所になっていきません。居場所を実現していくにはソフトな部分にどんな眼差しを持ったおとなたちがいるかというところに関わってきます。そのソフトを検討していく運営準備会は子ども委員 34 人、おとな委員 16 人で始まりました。子どもの声を聞こうと思ったら、子どもが意見をしやすいようにおとなの数の倍ぐらいを置かないといけません。これは大変なことかもしれないけれど、そういうことを配慮しながら、この運営準備会のおとな委員の座長に地元自治会の総務部長さんがなってくれました。これが本当に有難かったです。夢パークは土地をどう使うか市も苦慮していた場所に子どもの権利条例がちょうどできて、条例制定記念にその土地を取得できました。そして、話し合いを進めながら、地域の人達も応援に回ってくれました。この運営準備会を基に支援委員会というボランティア組織ができ、夢パークの運営に携わってくれる皆さんはここがベースになってスタートしています。そうやってワークショップでは、いろんな子どもたちが企画を出しました。そこに付箋でいっぱい、どんなふうにここの場所を使いたいのかを子どもが皆貼りました。どちらにも共通して入っている付箋は「昼寝したい」。子どもたちがどれだけ疲れているか。家でごろごろしているだけで怒られることが本当に苦しいと聞いて、学習交流スペースの名前を「ごろり」にしました。昼寝したいという声がいっぱいあって、本当に心身ともに疲れているんだなというような中で夢パークが整備されていきました。

4 公設民営フリースペースえんの誕生秘話

健康学園構想がきっかけに

西野：その中で政策的に学校に行きづらい子どもたちの場所も整備していくことになっていった経緯、つまり公設民営のフリースペースが何故できたのかという背景についても紹介しておきます。不登校の子どもたちのための健康学園構想がありました。あまり知られていないと思います。市長は教員出身で、市長公約で不登校対策をするまではよかったけれど、僕らからするとちょっと違うんじゃない？という構想をぶちあげました。不登校の子どもを十数人集めて、宿泊治療施設を作り、そこに寝泊りができて不登校を治してあげるという構想の発表がありました。それに対して、民間の立場として憤りを感じました。宿泊治療とは何事だ？と、この子たちは治療されないといけないのか？と教育委員会に撤回を求めて、働きかけをいろんな議員や関係団体と始めました。そして、説明集会が何度か市内で開かれた時に、会場から次々に著名な学識者や医師、カウンセラーが質問をして、この構想が潰されました。全国展開でいろんなところから人が駆けつけて川崎の施策を潰せ、こんなのを認められたら各地に広がってしまうと。この構想の失敗が実はフリースペースえんを生みだす背景として大きなベースとして流れていたのではないかと考えています。

小宮山：健康学園の構想というのは1991年だと思います。学校みたいなもの、学園を作って不登校の子を集めるというイメージが当初あったのかもしれません。91年の後、その構想が出されてきたとき、市民向けの説明会が開かれて、全く理解されませんでした。教育委員会の方はその構想を一時脇に置いたという感じでした。子どもの権利条例の制定に動き始めるのは1998年です。その権利条例の制定に動こうと思った時に、同じ市長なんですが、この健康学園構想が言葉として残っていて、議会に取り上げられました。これはどういう構想なんですかと議場でも質問されています。その時に当時の教育長は今考えている健康学園構想というのはどういうものなのかと問われて、総合教育センター、そこは教育相談をやっている専門機関だが、そこに「ゆうゆう広場」を作って不登校の子どもたちに色々と支援していく取り組みを進めていると。それから川崎市内の2校の中学校に相談指導学級のように子どもたちが通っていける場を作る。各学校に相談の機能をさらに充実させて、後のスクールカウンセラー配置のようなそういう取り組みも強化していく。それが構想なんだと当時は教育委員会の内部で構想が切り替わっていました。

夢パークはあらゆる子どもの出会いの場に

小宮山：その後、夢パークは不登校の子どもたちのために作ったというよりもあらゆる子どもたちがあそこで出会って、遊んで、活動して、元気づけられて、新たな出会いがあって、人間関係作りができて、というそういう居場所として作っていくんだというものが当初の案としてありました。一番初めに総合企画局から居場所が確保できるかもしれないと個人的に連絡がきたのが7月。その時には夢パークという言葉はなく、夢広場だとかそういう言葉で作れないかと。土地を有効活用しなければいけないと総合企画局は迫られていて、川崎市内の全局にどうにか活用できないかと問合せをしていました。教育委員会の方では新たな子どもの居場所、活動の拠点として整備できないのかと個人的にはアタックしていました。

金井：その時には指導主事をしていて、当時主幹だった小宮山さんから、「夢広場」という仮の名称の事務局を指名されました。その中で指導課長も入って話を進めていく中で、子どもたちのそうした意見をどこかで活かさなければいけないなと、考えてみると、西野さんと一緒に同じ思いをもった人たちが本当に頑張っているんだと感じました。私はよく「地域の教育力」という言葉を使うのですが、様々な立場の方々が子どもたちを見守って、支援してくれているのだということに気がつきました。子ども会議の話を聞いても、川崎は素晴らしいと思いますが。文科省は課題解決型学習が大事だと言っていますが、ちょっと前までは「アクティブラーニング」が大事だと言っていました。私は、「日本はアメリカとは違うのでは」とどこかで言ったことがあって、子どもたちは自分たちの課題をどうするか、その課題を解決すること。それが川崎では実際に実現できたことが素晴らしい。これを10年以上前にしてきたことは、多くの方々が様々な形で支援して頂けたからだと思っています。

三ツ木：子どもたちの中からあがった自由に遊べる遊び場というのはいつの時代にもあるのだと思います。昔の子どもたちは山登りだとか、空き地で基地づくりだとかを経験している。今の子どもたちに子ども会議でどういう所が望みなの？と聞くと、土で遊びたい、水を使って遊びたい、火を使って遊びたいという言葉が出てきます。そこを実現してあげたいなというのが一つです。この権利条例では0歳から18歳までを子どもとしてうたっています。0歳児から18歳の子どもたちがそれぞれ満たされる場所、そういう居場所が一つのテーマだったかなと思っています。

なぜ条例の委員に選ばれたのか

西野：私たちは91年から7年間は行政の敵のように言われ続けてきました。多摩川で毎日川に入って遊んでいる。学校に行っていない子たちが、遊んでいていいのか。そんなものを認めていていいのか。当時校長会や教育委員会からバッシングを受けていた、そんな私のもとになぜ条例づくりの委員を持ってきてくれたのか、なぜあそこが民営化されるようになったのか。教育委員会がフリースペースをやると言ったら、そうなるのかなと思ったらそうではなかった・・・・。話し合いを重ねるにつれて、どんどん誤解が解けていって、子どもの利益のために一緒になって死ぬ気でやろうよと言い合える関係になっていったことが、条例や夢パーク実現に大きなことだったと思います。

小宮山：なぜと問われましたが、私が権利条例づくりに入ってもらったんですけど。権利条例を作るときも、その前にいた人権共生教育担当、多文化共生で外国人の教育の基本方針も改訂していました。その時も、地域でいろいろな取り組みをしている当事者の方々や支援者の方々に入ってもらって意見交換していくのが当たり前だと思っていました。権利条例を作る事務局になったときも、どういう委員構成にしていくか、大局的に国際的に世界の子どもの権利保障の状況まで視野に入れている方々にも当然入ってもらうし、川崎の地域の中で色々と実践されている方々、例えばマイノリティーの子どもたちの学習支援で活動している方々、地域のさまざまな課題があってそれこそ子ども一人で生きていけないような地域社会、そういう家庭環境を支えている実践をしている方々、あるいは学校に今は行っていない子どもたちの居場所を作ろうと活動をしていた西野さんのような方、それこそ地域でいろんなことで子どもたちを支えている人たちが一緒になって作業をしなければ川崎の地域に根ざしたものを作れっこないだろというのがありました。

不登校問題について行政と民間との溝をどう埋めるか

小宮山：ただ川崎の地域性だけではいけなくて、世界の大きな流れを視野に入れて川崎の地域に根ざしたものを作りたいという思いがありました。それともう一つ、不登校を巡って実は行政と民間の取り組みで大きな溝、壁がありました。私も教育委員会に行って、あるいは不登校の子どもたちのことでいろいろな取り組みを進めてきた中で感じていた、なんとなくどうにかならないのという思いが川崎にもありました。教育委員会の指導課というのは文科省の系列で動いていて、学校現場に対して指導していくという立場にあります。学校という制度の中で文科省の意向を受けながら動いていく指導課と民間で枠に囚われないで地域の子どもたちのために活動しているNPOだとか色んな実践をしている方々もいる。この溝がどうにかならないのか…。それで権利条例をまとめあげる段階で指導課の課長と会って、もうそろそろ対決をやめたほうがいいんじゃないかと話し合いました。つまり、現にうずくまっている子どもがいるとしたら、その子どもにとって、保護者にとって、選択肢を増やしていくことが我々の役割なのではないか。だからざっくばらんに、お互いの言い分を言い合って、一緒になってできるところはやっていって、子どもたちの選択肢を増やす、そういう風に動こうよと。そのために教育委員会として何ができるのか考えていきたいということで、いろいろと打診をしました。それをちゃんと受けてくれました。生涯学習部にも入ってもらって、指導課にも入ってもらって、私たちの総務部人権共生教育担当も繋ぎ役として入って、民間で取り組んでるところから見た教育行政の問題点とかを指摘してもらうし、教育行政サイドで感じている疑問点も一緒に出し合って学習していこうという取り組みも条例が出来上がる頃にはスタートしていました。これは凄く大きな力になったと思っています。西野さんなんか逆にそうやって教育行政サイドと話し合いをすることで、行政にすり寄ったのかと言われたこともあったのではないかと思います。それでも今うずくまっている子どものために、何か新たな施策が出来れば選択肢が一つでも増えれば、子どもたちにとって幸せなことなのではないかというのが当時の考えでした。したがって、夢パークの中でもし不登校の子どもたちのたまり場、居場所ができるとすればそれはやはり行政の指導主事とかが入りこんで子どもを遊ばせるんじゃなくて、当然民間の取り組みをしているメンバーが地域社会に支えられながら進めていく。この方が絶対いい。役所の職員は異動があるから、異動のない地域社会の中で取り組んでいるいろんな人たちと一緒になって子どもたちがのびのびと生活していくのが一番いいのではないかと個人的には当初から考えていました。したがって教育委員会も、役所がどうにか不登校の居場所を作って運営をしていくとかは考えていなかったと思います。

不登校支援は社会教育の課題

保科：教育委員会といっても、学校教育を担う指導課もあれば、社会教育や生涯学習を担う部署である生涯学習推進課もあります。当時は、社会教育のところはわりと元気でした。自分たちがもっている課題を自分たちで学習して解決していくのが社会教育の思いです。むしろ学校教育とは別に、学校の中では解決できない様々な課題に対して学習し解決に向かっていくのが社会教育の本質だと思います。例えば手前味噌でいえば、川崎は人権に対しては全国のトップレベルの学習機会を提供していたという自負があります。そんな中で西野さんなんかは、地域のお母さんたちの不登校を考える会に呼ばれていろいろ話している。市民館を会場としてやったりするのでわれわれ社会教育の側は不登校、学習機会が奪われる、これは人権問題だと感じていたと思います。そんなこともあって、不登校はまさに社会教育の課題でもある。不登校自体をどうにかするものではないが、それに対する学習機会を提供していこうというのを社会教育の課題として認識していました。当時の社会教育は今と比べればもっと元気で、自分で思っていることを平気で言い合う雰囲気が教育委員会の中にもありました。子どもの学びについてもそれは単に学校教育と対立しようというのではなく、子どもの最善の利益という視点に立って、立つべきではないかと考え、ガンガンやりあった記憶があります。

西野：今いつの間にか教育というと学校教育一本に見えやすくなっているが、けっして私は学校教育を否定しているわけではなく、学校がもっている大切な機能があります。その一方で教育委員会の中に学校教育と社会教育が並列して、社会教育がしっかりと力を持っていた時代があったが、いま全国的に社会教育が押されていると思う。人権に根ざした川崎のまちは、いろんなマイノリティーの人も、地域の中で一緒にいろんな弱さを抱えた人たちがこのまちで誰ひとり取りこぼすことなく生きていくまちを作ろうというところをベースとして、学校教育にいた人も、社会教育にいた人も繋がっていました。金井さんも僕らのフリースペースの近所に住んでいて、小宮山さんも川崎南部で桜本中学校の先生をしていた。そこで本当に課題を抱えた若者をどこで、誰が見放さないで関わってくれるのかという時に、わざわざ教育委員会の中であまり評判が良くなかった当時の私たちのところに子どもの相談に来た。そうやって思いがある人たちが繋がって、三ツ木さんのとこの学校の生徒とも関わったりと、子どもの最善の利益を目指してこの子にとって何が一番必要なのかという問いを共に持てたことがこの川崎の奇跡を呼んできました。

誰でも学べる学校外での学習権保障―国の政策を20年先取り

西野：こんな奇跡的な文書が生涯学習推進課の保科さんから出されました。(資料3・上)

なぜ生涯学習推進課が所管するのか。そして、不登校支援に関しては社会教育の視点をしっかりと位置づける。「いつでも、どこでも、誰でも学べる学校教育以外での学習権の保障」、これは国の政策を20年先取りしています。それが一地方自治体の教育委員会の中で、当時の教育委員会の人から出てきた。「学校教育にこだわらない生活からの学び」とレジュメに書いてあります。その文書にあるように、不登校協議会ではこれだけのメンバーがいるんです。(資料3・下)　こういっ

《生涯学習推進課から会議に出されたレジュメから》
（2002年8月29日）

なぜ生涯学習推進課が所管するか
(1)夢パークの所管が生涯学習推進課
(2)社会教育の視点

●いつでも、どこでも、だれでも学べる学校教育以外での学習権の保障

●学校教育にこだわらない生活からの学び

川崎市子ども夢パークにおける不登校児童生徒に関する協議会（不登校協議会）の設置・開催

正式には2001年11月から夢パークオープンまでに11回開催
オープン後も開催　（所管は、市教育委員会生涯学習推進課）

構成メンバー
教育委員会学校教育部指導課
教育委員会生涯学習部生涯学習推進課
教育委員会総務部人権・共生教育担当
教育委員会総合教育センター
市民局子どもの権利担当
民間団体・フリースペースたまりば

資料３　生涯学習推進課から出された文書

た人たちが混ざっているオフィシャルな会議の要録の中にこの文言が残っている。当時の会議は学校復帰を目指す指導課と生涯学習推進課の間で、まだそんなに空気が良くはなかったと思いますが…。歴史が変わると思えたのは、まず小宮山さんと山崎さんが一緒に「フリースペースたまりば」を訪ねてくれて、条例づくりの委員になってくれないかと言われたとき。そんな時代が来るんだ、教育委員会の中にもそういう人がいるんだと思った出会いが最初。そしてこの不登校児童生徒に関する不登校協議会の会議の席上でこんな発言が飛び出したんです。

「夢パークに開設しようとしている不登校児童生徒の居場所は学校復帰を考えない居場所で、その点で教育委員会学校教育部が責任を負う（ゆうゆう広場）とは異なる。」「学校に行かないことも選択肢として認知するということは改めて子どもの最善の利益にたつという考え方で、その根っこには子どもの権利条例がある。つまり、学校に行けないで苦しんでいる子どもを学校教育の縛りから解放し、いたるところが学びの場だという考え方である。これを川崎として認める必要がある。」

これを読むと涙が出てきてしまうんですよ。もうこれ無理なのかな…会議が割れて、こんな場所はできないのかと思った時に学校教育部の指導課長が立ち上がってこれを言った。指導課としてはひとりでも学校に戻ってきてほしいのはあたりまえだ。だけど、戻りたくても戻れない子どもたちが川崎市に1300人もいる。この子どもたちに対してゆうゆう広場は三か所あるだけ。障がいのある子どもたちの受け入れや、やんちゃな子どもたちの受け入れも十分でない。つまり不登校支援をやっているようで、まだまだ完璧にできることはない。私たちが取り組まなければいけないのは何なのか、やっと条例ができたんじゃないのか、だとしたら条例を基に皆が一回この縛りから離れて一人ひとりが子どもの最善の利益のために何ができるのか一緒に考えていこうではないか…指導課長がこれを言った時にがらりと空気が、流れが変わりました。感動的なシーンでした。そして、僕らは民間の立場でもどんな事があっても皆で作るぞと思えたんですね。

川崎市の奇跡 ―一人ひとりの命に寄り添う

西野：今日何が誕生秘話なの？それで？と思っている人がいるかもしれないけど、これは奇跡なんですよ。一人ひとりが子どもの当たり前に、一人ひとりの命に寄り添って。僕らが33年間不登校支援で救えなかった子どもの命は片手に収まらない。悔しいけど、たかが学校に行けないだけで命を落としていった。そして今でも苦しんでいる子どもがいる。川崎はいろんな取り組みがあり、この社会は川崎が作ってきた社会教育の文化と人権に根ざしてヘイトを許さない文化を作ってきました。一人ひとりの人権に根ざしてどんな人も一緒に生きていけるまちを作ろうという、罰則規定を持った、ヘイトをなくそうという条例を作り上げた川崎市が奇跡だと思います。誕生秘話はすべてここに繋がっていると思います。こういったことを私たちは本気になってやろうとしてきた。私たちが取り組んできた条例づくりと居場所づくりは一体なんだったのか、ここからどこへ向かっていくのか。

5 質疑応答

不登校支援で行政とどう連携するか

会場から：不登校について、市民の方も子ども条例を作りたいと働きかけたいと思っているが、教育委員会の中にそういう思いの人が見つからない。杉並区でも教育支援センターといって不登校の子どもたちが行く教室があります。隣の世田谷で東京シューレがそこを委託されてやっているということもあって、そういうのを取り入れてはどうかとか質問をしています。杉並区では素晴らしいセンターがあるから必要性がないというのが教育委員会の答えです。奇跡の話がありましたが、そういう思いがある人が見つからない場合はどうしたらいいですか？

西野：最初から僕らは本当にコミュニケーションを取れていたのかというとそうではない。見つからないというのは、今は見つからないということですね。川崎の奇跡というのは最初から人権がベースにあったという話をしてしまうと、あたかも最初からコミュニケーションを取れていたと思われがちですが、やっぱりそうじゃなかったと思います。少なくとも僕らは最初から受け入れられていると思わなかった。でも、世田谷の場合も、区長を始めとして多くの自治体職員が夢パークを見に来ていて、帰ってから出来た。川崎の場合も当時教育の現場にいた人が教育委員会の人たちと相当話し込んでいると思う。条例を作っている時にも2年間ガチンコしていた。小宮山さん、どうですか？

行政と民間との連携こそ

小宮山：非常に難しい話。役所の職員は異動があるから、もしこの夢パークの中に不登校の居場所、たまり場を作るのであれば行政ではない取り組みを進めているNPOに入ってもらおうと最初から考えていました。その後、現在までの取り組みをみて、地域とどういうふうに子どもたちを支えているのかよくわかった気がします。NPOに委ねるというのは丸投げじゃない。行政は行政として厳然として役割があって、その役割を果たしながら例えばそういう施設をNPOに委託する。委託したから、「はい、あなた達で」とはならない。自分たちの手から離れたと考える節があるんですけど、NPOが入って、そこを動かしていくとなったらどうやって行政とタイアップしてそこを支えていくか、あるいは行政サイドは何ができるか。今川崎でも退職したOBの先生方がいっぱい動いています。不登校の子どものことや、学習支援のことでも動いています。自分たちが関わった子どもたちに対してそれだけの思いがあって、退職後もやられています。役所は、教育委員会は、教育委員会サイドでやれることを厳然としてやらなければいけない。やっていく中身には文科省からの通達だけでなく、自分の足元の地域社会を見て、その地域社会の教育委員会なんだから、その子どもたちの実態にあう形でその子どもたちを支えていくには何ができるか。それは限界を見極めていくことでもあります。行政の限界、NPOの限界。それぞれの立場の者が自分の限界を見極めないとなかなか横に繋がっていけない。そういう意味で指導課が川崎でも初めて会合した時は、双方緊張が漂っていた。それが一つの事例で、不登校であれば不登校ということでお互いに膝をつめて、自分たちで何ができるのか考え合っていく。だから夢パークも委ねて終わりではなく、そういう意味では行政サイドも地域社会も一緒になって作り続ける。作り続ける夢パーク。立ち位置は重要でありますが、相手方とどうやって一つの課題を解決していく為にどういう連携、関係性を持っていったらいいのかと常に考えることが大事だと思います。

保科：区役所、教育委員会を含めて学習を継続していく。あなたの意見に反対する教育委員会の出席を求めて、市民を含めた学習会をやっていく。まずはここからなのではないでしょうか。意志あるものが5人集まれば、変わっていくものと思います。頑張ってください。

金井：学校教育と社会教育。これは両輪だと思っています。この二つが一緒になって動いて、確かな活動ができるのだと思っています。これは生涯教育を含めた形で繋がっていくと思います。本日の冒頭で子どもが泥んこになって遊んでいる映像が流れていましたけれど、あの泥んこ遊びをする前にスタッフが大変な時間をかけて、皆裸足になって、ガラスの破片が入っていないかなど土を確認しています。でもそこまでやっているというのは学校教育も一緒だと思います。一番大事なキーワードは安心・安全だと思います。これは夢パークの中でも実践されています。

三ツ木：子どもの施設であるから子どもに聞くべきだと思います。子どもからいろいろと、声を聞いてほしい。そうすると本当に必要とするものが見えてきます。先日ニュースで、「遊び場がほしい」「サッカーができるところがほしい」と子どもが訴え、それを実現するためにおとなが動きました。この子どもの力が凄いと思います。夢パークもそうですが、川崎市の権利条例の一番凄いところは子どもたちの声がこの条例になって、その子どもたちの声で出来たというところではないかと思います。おとなと子どもがパートナーというスタンスがいいと思います。

保科：夢パークは視察が多いと聞くたびに、まだ新しい公設民営の不登校児童生徒のための施設はできてないの？冒険遊び場は広がっていないの？と西野さんに投げ続けていました。そうすると西野さんから、施設はできてないが不登校の理解は少しだけども前進し、冒険遊び場を作る動きもさまざまでてきている。あまり小さい見方で見ないで大きな視点で見ると、一歩一歩、半歩半歩だけでも広がっているんだ、と言われました。夢パークが少しでも役に立っていればいいなと思います。

小宮山：神は細部に宿ると言われます。私は今まで出会った子どもたち、やっぱり一番影の薄いところに置かれている、周辺に置かれている。元気に自分の話ができない、もしかしたら障がいがあってなかなか自己表現ができない、そういう少数のところから見えてくる課題というのが実は普遍的な課題なのではないかと思います。そういう意味で夢パークでは子どもたちは明るく活動しているが、その背後にはいろんな思いを持って子どもたちは集まっているのではないでしょうか。この会場に久々にきましたが、別会場で子どものための音楽会をやっていて、聞いていた小さな子どもが、その歌に合わせて一番前のステージのところで一緒になって歌って踊っている姿がありました。そういう光景をできれば日常的に地域社会の中でいろいろと見られるようになればいいなと思います。夢パークはそういうような拠点に既になっているようですが、更に充実していってほしいと思います。

金井：最後にひと言、今日、駅前で募金活動をしている子どもたちがいました。私も募金しようかなと思って、一生懸命小銭を探しました。「115円だけど寄付するよ！」と言って、子どもたちに「いい子だからね！」と洒落を言って、こちらに来ました（笑）。

西野：夢パークの取り組みは、学校に行っている、行っていないに関わらず様々な今、いろんな背景を抱えている子どもたちと私たちはこの地域で誰ひとり手放さず、まちのみんなで子どもを育て合う。誰かに自己責任で「お前んちの子は」という文化ではなく、このまちで子育てしてよかったという、市長がいう「最幸のまち川崎」を皆の力で作っていけたらなと思います。そういう意味でこの一つの取り組みが更に広がっていき、皆で子育てできる環境になれたらなと思います。ありがとうございました。

Ⅲ

全国初の子どもの権利条例はなぜ生まれたのか

小宮山　健治

思いきりどろんこ遊び

＊ 2018 年 7 月 6 日かわさき子どもの権利フォーラム第 1 回総会・記念講演会より

夢パまつり～水遊びスペシャル～

1 子どもの権利条例と「政権交代」

本日は、子どもの権利条例そのものの解説ではなく、私自身の職場経験が権利条例とどのような関わりであったのか、自分史との関係を中心に話をしてみたいと思います。

ここに一冊の本があります。喜多さんや荒牧さんが中心となり、この『川崎発　子どもの権利条例』という本をまとめあげてくれました。この本が発行されたのは、条例施行の1年後、2002年5月で、私もこの本の序を書かせてもらいましたが、今日は、まず、この本の発行にかかわる裏話からお話ししましょう。

川崎市が子どもの権利条例制定に取り組んだ当時の市長は高橋市長でした。教育畑出身ということもあり、子どもに対する思いを強くもたれた市長さんで、市長選に出るときの公約の中に、子どもの権利条例制定も入っていました。川崎には、それまでの様々な人権施策や人権教育の蓄積があるので、その蓄積を基に、新たに子どもの権利条例制定に踏み出したという背景もありました。

この本は、先ほど言ったように条例が施行されてから1年後の発行です。その時の市長さんは阿部市長でした。2001年10月の市長選挙で、高橋市長と戦った相手であり、選挙の結果、新しい市長として当選されたわけです。阿部市長のもとでは、市民本位のまちづくりとともに、当時の市の厳しい財政状況の改善にむけた行財政改革がすすめられていきました。

さて、アメリカのトランプ政権を見ればわかるように、政権交代のとき何が起きるか。実は川崎でも、子どもの権利条例制定前後に、自治体における「政権交代」がおきていたわけです。

私は、子どもの権利条例制定時の2000年12月には教育委員会総務部で人権共生教育を担当し、子どもの権利条例制定の事務局も兼ねておりました。その後2001年4月の条例施行にあわせ、権利条例を所管する新たな部署が当時の市民局人権・男女共同参画室に「子どもの権利担当」として設置されることになり、そこに配属されたのです。教育委員会からは遠く離れた小島のような新しい部署で、役所の市長をトップにした市長部局の職員として働くことになったのです。

高橋市長のもとで子どもの権利条例は制定され、さらに、2001年1月には、この権利条例の中で子どもの居場所として位置づけられる「子ども夢パーク」もつくられることが、新年のお年玉として高橋市長より発表されました。しかし、この年の10月には市長選挙戦でやぶれ、高橋市政は終わったのです。

子どもの権利担当として市の人権施策を取りまとめる部署へ配属された私は、新しい阿部市長のもとで、前の高橋市長時代につくられた子どもの権利条例をどのように進めていけばいいのか、新市長の意向はなかなかつかめませんでした。市長交代による市政への影響はないのか、川崎市が進めてきた人権施策、とりわけ外国人市民施策が後退するのではないか、そんな懸念さえ当時は聞かれました。

そのような時に、川崎市の子どもの権利条例制定経過や内容、解説などを一冊の書物にまとめ出版したいという話があったのです。私は、これは、新しい市長の意向を確認する絶好の機会になるかもしれないと思い、正面からあたってみようと考えました。そうして阿部市長のところへ相談にいったのです。前の高橋市長時代にできた条例ですが、川崎市の条例ですので本のはじめに市長の巻頭言を是非お願いしたいのですが、このような内容でどうでしょうか、と例文をお見せしたのです。すると、「うん、これでいいよ」という返事が。私は内心「やったー」という思いをしたものです。

当然、新しい阿部市長はどのように市政を運営していくのかということを想定しながら、短い期間でしたが新市長が折に触れ発言される内容やその思いも参考にして、巻頭言に市長の言葉として語ってもらうようにしたのです。お手元に資料を配らせていただきましたが、確認の意味で読み上げてみたいと思います。

市民のパワーで元気いっぱいの川崎の創造を

川崎市長　阿部　孝夫

「市民本位の市政を実現するためには、行政を担当する者にとって、市民と喜びや悲しみを共有できるみずみずしい感覚が大切であると、私はつねづね考えております。

約２年近くをかけ、多くの市民の参加をいただき制定された「川崎市子どもの権利に関する条例」も施行後約１年を経過し、制度やしくみも徐々に整い始めてまいりました。

しかし、この種の条例は、制定されれば良いというものではなく、この条例でうたわれている理念等を地域社会の中で共有化し、実現にむけて一歩一歩努力しながら、その内実をつくりあげていく作業が欠かせません。どんなに素晴らしい制度やしくみであっても、それを形骸化させずに、本当に市民本位のものとして実効性のあるものにしていく取り組みが、言い換えれば器に魂を入れていく取り組みが求められているとも申せましょう。

できあがった陶磁器に魂を吹き込むことは困難ですが、子どもの権利条例については、子どももおとなも一緒に考え合ってきたこの制定過程の情熱を絶やさずに、行政も市民も一緒になって、より良い条例に育てていく努力を今後も継続していかなければなりません。

子どもたちが安心して育ち、市民の方々が自らの地域に誇りを持ち、また誇りを持てるまちづくりに行政も一体となって取り組んでいけるような市民本位の市政を、そして市民のパワーで元気いっぱいの川崎を創造していくことのできる市政をめざし、私自身も全力を尽くしてまいりたいと考えております。」

以上が、阿部市長にお願いをして、この本の冒頭に載せていった文章です。これは市長の決意でもあるし、今後子どもの権利条例を市民と一緒に守り育てていくことを、新しい市長の言葉で語ってもらうことによって、市長もこの条例からは離れませんよ、という、ある意味宣言をしてもらったことになるわけです。

話は変わりますが、役所では様々な施策や事業がどのように決められていくのか、ちょっと触れてみます。夏になると、もう次年度の予算計画が動き始めます。まずは事業担当と各課、部内で議論しまとめたものを局内で固め、関係部局とも調整しながら、とりわけ財政局と密接に調整がすすめられていきます。その際、なぜこの事業が必要なのかということを担当者が説明できないといけません。例えば子どもの権利条例関連事業を計画しようとした時には、担当者がその必要性をしっかり説明できないといけません。市民の税金をどう使うかですから、その根拠を担当者が明確に説明できなければならないのです。
川崎市に子どもの権利条例ができた背景や課題、必要性、重要性などと共に、多くの市民参加により議会も全会一致で可決成立した条例であること、また根拠法令には我が国も批准している「子どもの権利条約」もある。そういう根拠を示していくことも大切になります。また、根拠だけでなく、川崎市の行政のトップがどういう考えをもっているのかも影響します。担当者は必死になって考え、様々な根拠法令や情報を集め、それらに基づいて事業等を束ね、予算をつけてもらうわけです。少額であっても予算がついたということは、川崎市でその事業が認められたということになるわけです。
自治体にとって条例は、事業をすすめるうえで当然大きな力になり根拠になります。市民の代表である議会が最終的には条例を制定するものですから、行政も当然それに従うわけですが、職員にとっては、行政のトップの意向もやはり気になるものです。最初に紹介したこの本の巻頭言は、担当者にはとても大きな意味あるものになりました。
後に、阿部市長の子ども観を聞く機会が何度かありましたが、「子どもはのびのびと育つのが一番だよ。おとなが寄ってたかって子どもたちをいじくりまわしたり、外から枠にはめたりしない方がいい。おとなの体罰なんてとんでもない。かつて学校が荒れた背景には体罰による締め付けがあったように思う。」こんな内容だったと思います。
旧自治省出身の有能な官僚でアメリカでの大使館勤務や地方自治体での勤務実績を持ち、大学教授も務めた行政の専門家であった阿部市長の、「子どもはのびのびと育つべきだよ」という言葉に救われたようにも思っています。

話はガラッと変わりますが、阿部市長との仕事上の関係では忘れられないことがあります。それは拉致問題です。
中学生の時に横田めぐみさんが拉致されたのは新潟ですが、ご両親の横田ご夫妻はその後色々あって川崎市に転居しお住まいになっていました。
拉致問題は国の外交上の大きな問題になり、2002年12月末には内閣府において、拉致被害者・家族支援のための自治体連絡会議がもたれることになったのです。その担当部署につき、市長からは、「悪いけど人権の担当部署でやってくれないか」と話がありました。何か思いがあったのだと思います。国の連絡会へ出向くと、10都道県と16区市町の自治体職員が集められていました。自治体の中で拉致問題の担当者が人権担当部署から参加していたのは川崎市ぐらいだったのではないでしょうか。職場に戻ってから、すぐに関係部署が集まり市役所としての対応を協議しました。国としての外交ではなく、生活の場となる自治体としてどんな支援策が想定できるのか。めぐみさんが日本に戻られた時に、市としてどういう対応ができるか、という市役所内部の検討会議でした。めぐみさんが帰ってきたら、教育分野ではどのような対応をすればいいか、言葉の支援をどうすればいいか、生活の保障をどうすればいいか、福祉や医療の分野で何ができるか等、関連しそうないくつもの局から担当職員が集まって会議まで始めていたのです。

この動きとは別に、阿部市長の方から、横田さんご家族のために市として何か手伝えないか、そのため直接に横田さんご両親にお会いして話をしたいと持ちかけられたのです。場所はどこでもいいということでした。私は早速訪問の約束をとりつけ、横田さんのお宅を訪ね、事情を説明し、横田ご夫妻からも色々な話を伺うことができました。紅茶までいれていただき、30～40分ほど話をしたのです。

強く印象に残っていることがあります。北朝鮮との関係では歴史の積み重ねがめぐみさんに被さっているような側面もあり、なかなか交渉も難しいのでしょうね、と話をしている時のことでした。めぐみさんのお母さんが、川崎には在日朝鮮人や韓国人の方々も多く住んでいる、でも拉致問題のことで、その人たちに被害が及ぶということは絶対にあってはならない、全くの別問題ですから、という話をされ始めたのです。そして自分は小さい頃関西で暮らしていて、その地域にも在日の朝鮮人が住んでいて友達にもいたし、よく一緒に遊んでいたそうです。その在日の子どもたちが、近所の子たちにからかわれたりいじめられたりしていると、お父さんが、そういう子どもたちを叱りつけていたそうです。そして、在日の友達も一緒に家に上がってお菓子を食べたり遊んだりしていたのですよ、という話をしてくれたのです。

私はなぜだかほっとしました。強い信念をもたれ、めぐみさんのためにご両親ともに必死に声をあげ続けている姿に頭がさがりました。その後さほど日をおかずに、横田ご夫妻は川崎市庁舎に来られ、阿部市長と面談されたのです。2002年12月25日でした。

私は定年退職の際に、横田ご夫妻にあいさつに伺いましたが、別れる際に見送ってくれた姿がまだ目に焼き付いています。今も解決していないのです。この話はこれくらいにしましょう。

2 さまざまな出会いを胸に行政の世界へ

ここでちょっとお配りした資料にふれてみたいと思います。レジュメの順番は前後しますが、資料２枚目の標題は、「さまざまな出会いを胸に～学校現場から行政の世界へ～」となっていますが、私はこれまでさまざまな子どもたちに出会ってきました。

例えば、障がいのある子どもたち、非行問題で揺れている思春期の少年たち、不登校の子どもたち、明るく元気にスポーツや文化活動を楽しんでいる子どもたち、色々な子どもたちに出会って、そこで教えられたことがたくさんあります。私の乏しい知識や経験を揺さぶられながら、出会った数々の子どもたちの想いを、どうにか自分の関わっている仕事の中で一歩二歩前進させていけないだろうかと考え続けていました。中学校の教員時代もそうでした。1992年4月に学校現場を離れ総合教育センターへ、そして翌年1993年4月から教育委員会総務部に勤務することになりました。教員になりたくて学校に入ったわけですが、結局のところ、以後退職するまで学校現場に戻ることはありませんでした。

3 権利保障のネットワーク 「子どもの権利条約って何？」

子どもの権利条例制定に動き始める以前に私がかかわっていたのは、1994年12月に発行した「子どもの権利条約って何？」というパンフレットでした。これも、全国で川崎が初めて作成し、子どもたちへ配布したものでした。それというのも、わが国がこの条約を批准したにもかかわらず、当事者の子どもたちに、その中身が全然伝えられていなかったからです。

子どもの権利保障の取り組みでは、川崎では教職員組合も大きな役割を果たしていました。川崎は、教育委員会と教職員組合がタッグを組んでいるみたいだと言われたこともありましたが、特に子どもの権利保障では一緒に取り組むことが大切でした。これは全国的には大変めずらしいことのようですが、これも川崎の実績だといえます。組合活動だからとか教育委員会の活動だとか、そういうことは脇に置いて、子どもの権利保障として何ができるのか、学校、青少年育成団体、PTAなどとも一緒に連携し取り組みを始めていたのです。その一環として、教育委員会に事務局を置き、川崎市人権尊重教育推進会議という連携組織をつくり、「子どもの権利条約ってなに？」というパンフレットを作成したのです。子どもの発達段階を踏まえ、三種類のパンフレットをつくり、初めは全児童生徒に学校を通じて配布しました。内容の検討から関係者との協議、予算措置、作成、配布の手配など、その事務局を担当したのです。子どもの権利条例制定にいたる前に、このような連携ができ、取り組んでいたことも、子どもの権利条例制定にたどり着けた大きな要因だと思っています。

役所を定年退職した後のことですが、私に、関西のある自治体から声がかかったことがあります。子どもの権利条例をつくりたいというのです。はじめに呼ばれたのは、現地の弁護士会の方々が中心となった市民と一緒の勉強会でした。その自治体でも、どうにかして子どもの権利条例がつくれないかという段階でした。その勉強会で、川崎市の取り組みと条例の内容、制定過程などの紹介をさせていただきました。

それから数年たって、いよいよその自治体でも子どもの権利条例制定にむけ動き始めたとの知らせが届きました。あらかた条例の方向性も見え骨子がある程度まとまりつつあったときに、実はその自治体では反対運動も強くなっていったのです。そういう状況の時に、その自治体職員から市民向けの講演会を開催したいので来てくれないかと、私に声がかかったのです。担当の方からは「本当に来てくれるのですか？市民講演会に反対運動をしている人たちが押しかけてくるかもしれないのですが、それでもいいですか。」と言われました。すごい頼み方ですよね。子どもの権利、人権なんてなんだと、子どもの権利条例などつくらせないと。そういう状況の真っ只中に出かけることになったわけです。

私は、川崎の条例がどのようにつくられ、どのようなものなのか、その理念や意義について説明しました。その後の質疑応答では予想されたような混乱もなく、強い反発はそれほど感じられませんでした。会場には、その自治体の幹部の方や教育委員会の方々も参加されていました。

ところがその講演会の数日後、また電話がかかってきたのです。今度は教育委員会からでした。学校の校長会が頑として賛成しない、反発していると言うのです。もう一度、今度は校長先生の研修会で話をしてくれないかと言うのです。こうなったらと思い、依頼を受け、校長会の研修会の中で、子どもの権利尊重と教育指導をめぐる内容を中心に、子どもの権利条例についても話をしました。この自治体では、子どもの権利条例にPTAもすごく反対しているとも聞いていました。子どもに権利など保障すると親の言うことを聞かなくなる、教師の指導もやりにくくなる、だから子どもの権利保障なんかやめさせてくれと。PTAが反発し反対、校長会が反発し反対。川崎では考えられないことでした。当然、川崎でもさまざまな議論があり、忌憚なく話し合いはしますが、先ほど紹介したように、校長会も教職員組合もPTAも青少年団体も、子どもの権利保障のためにはネットワークまで立ち上げて、自分たちに何ができるのかを考えあい協力していたのですから。

研修会では、一通り説明が終わった後の質疑応答で、バラバラッと手が挙がりました。口火を切った校長先生が、「学校や子ども施設とかで子どもの参加をすすめ意見を運営に生かしていくということだが、こんな子どもの権利保障を学校でやるようになって、それでなくても学校は煩雑で忙しくてやっていられない、時間の保障はどうしてくれるのか。教育委員会はどう保障してくれるのか」と質問されたのです。その時、私もカチンときてしまい、「学校は子どものためにあるのでしょ？教員のために学校があるのですか？教職員がいるから学校ができるのですか？違うでしょう。子どもがいるから学校ができるのであり、その子どもの意見が、学校の運営にどのように生かされ反映されるか、そのような学校をつくっていくのが教職員の務めではないですか？学校における教育活動そのものではないのですか？」と。研修会場はシーンとなり、そのあと質問のトーンはガクッと落ちました。もう質問してもしょうがないと思ったのかもしれないですけど。

子どもがあって学校ができる、学校生活の主役は子どもなのですから。後になって聞いたところ、この自治体では子どもの権利条例は制定できませんでした。

川崎では、権利条例の制定に向け動き始める以前に、すでに校長会と共に人権教育や生徒指導の研修をかねて、子どもの権利条約の学習は始めていました。子どもの権利条例制定時も、何度も話し合いを持ちました。そのうえで条例案がまとめられていったのです。

しかし一歩川崎から外へ出ると、いま紹介したような状況もあったのです。学校は、やっぱり、子どもが主役です。そして、子どもが自分で自分の生き方を決めていくことができるように支えていく、それが基本なのでしょう。

4 学びとは何か～自らの歴史をつくる主体に～

いろんな子どもたちと学校現場で出会いましたが、私が肝に銘じていたのは、子どもが100人いたら、100人の子どもは全員状況が違うということ。生い立ちも、家庭環境も、その子の状況も、みんな違っていて多様なわけです。在日外国人かもしれない、ひとり親家庭かもしれない、施設で生活している子どももいるかもしれない、非行で家に寄り付かず遊びまわっている子もいる。自分に自信が持てず閉じこもり気味の子もいる。自分の部屋や勉強机を持っている子もいれば、机すらない子もいる。クラスの目の前にいる子どもたちは、それぞれみんな違っている。そういう子どもたちの中に自分は立っている。

どのような状況であっても、自分の人生を引き受けて、自分の足で自分として生きていくということは、子どもたちにとって大変なことです。でも、どの子にも、その自分で生きていくんだという一歩を踏み出してほしい。それは例えば非行問題で施設に入ったりして、もう自分の人生なんてどうでもいいやみたいな形で、振り回されながら生きているような少年であっても、どこかで、本当に自分が自分の主役になって、その自分で生きていくという一歩を踏み出していってほしい。

学ぶことの意味って何なのだろうということについて、自分の中で噛み締めていた言葉があります。それは、ユネスコが1985年のパリ会議の際に採択した学習権宣言です。この宣言の中に、学習権は基本的人権の一つであり、学び（学習活動）とは「人々を、なりゆきまかせの客体から、自らの歴史をつくる主体にかえていくものである」という一節があるのです。なりゆきまかせの生き方ではなく、自分自身が、自分の生き方、歴史をつくっていく主体になって、自分を引き受けて生きていくことができるようになるために、「学び」こそが欠かせないのだと。生きていく主体になっていくのに欠かせない役割を担っているのが、実は「学び」なのだと。だから学習権を保障することが重要なのだということをユネスコは宣言しています。子どもたちが、この、なりゆきまかせの客体から、本当に生まれてきた自分を引き受けて、その自分で生きていくという一歩を踏み出せるか、自分が自分の主体になれているのか、なろうとしているのかという問いが、子どもたちと学校で笑いながら勉強したり、精神的に「格闘」したりしているときの、教員としての自らへの問いかけでもあったのです。

子どもたちが一歩踏み出す瞬間に出会った時、教員は自分の職業にたまらない魅力を感じます。だから教員が続けられるわけです。今では、「教職はダークな仕事だ」みたいに言われることもありますが、そういった教師冥利に尽きるといったような場面もたくさんありました。

子どもの権利条約、そして川崎市の子どもの権利条例は、当然のこと、子どもを生きる主体、権利行使の主体者としてとらえ制定されています。

ところで、この学習権の保障に関係する事例を一つ紹介してみます。

5 子どもの学習権の保障～「学校に行きたい。」

「学校に行きたい…生まれてはいないことになっている子」を例に話してみます。

このケースは、出生の届け出がないために、学齢期になっているのに生まれたことにもなっていない、国籍もない子どものことです。こういったケースの子を、どうやって学校に迎えいれればいいのか。根拠法令が明確ではない場合もあるのです、そういうときに何を根拠にするか。子どもの権利条約や国際人権規約はあるのですが、まずはそういう国際法でも活用し子どもの学習権を絶対に保障するのだという強い思いがない限り、このようなケースの子どもたちを学校にたどり着かせることは簡単ではありません。

このようなケースでは、教育委員会だけではどうにもならず、児童相談所や市の児童福祉課などと綿密に相談をし、知恵を出し合うことになります。川崎に住んでいる証明はどうするか。まず生まれた証明をどうすればいいのか。どこで生まれたのか、その病院を探そう、国内の病院で生まれたということが確認できれば生年月日が確定し学齢の証明になる。申請は親が無理ならば児童相談所が親代わりになる。仕事上関連するいくつもの機関と連絡をとりあい協力することで、この子は元気に学校に通うことができました。

このようなケースでは、親と子どもを支えるNPOやネットワークが大変重要になってきます。親はどうしていいかわからない、中には放任したままの親さえいるのです。とは言え、支援するNPOの人たちが直接その子を学校に入れることはできません。だとしたら教育委員会はそこでどういう判断をしてその子を学校に迎えいれるのか、何を根拠にそれをやっていくのか、姿勢が問われることになります。

このケースでは、「子どもの最善の利益」のために、教育と福祉、行政とNPOとの間で密接に連携することができましたが、連携で重要なのは、実は、人なのだとも思います。

6 ともに生きる～多文化共生の社会をめざして～

いまの話に関連するかもしれませんが、レジュメ1枚目の「ともに生きる」というところに戻ります。

川崎市外国人教育基本方針を改定したのは、子どもの権利条例制定前の1998年4月のことでした。

この基本方針は、おもに外国にルーツのある子どもたちのことを、学校や社会教育、教育委員会などの教育関係者はどう考え進めていけばいいのか、という視点から取りまとめられた指針になっています。最初は1986年3月に制定されたのですが、変化する時代状況も踏まえ、指針としての方向性をより明確にし、一層充実した取り組みをすすめていきたいということから、改定作業に着手したのです。

この改定作業は、多くの関係者の協力を得て2年近く検討作業を重ね、最終的には1998年4月に教育委員会で決定し、川崎市教育委員会の基本方針として市議会に報告しました。

主な内容としては、Ⅰ人権尊重としての教育、Ⅱ本市の外国人市民の成り立ちと現状　Ⅲ多文化共生の社会をめざして　Ⅳ教育関係者の役割とめざすべき方向性、となっています。

『ともに生きる』という冊子は、この基本方針の改定作業に合わせ、「かわさき外国人教育推進資料Q＆A～ともに生きる～」として作成したものです。当時、私は、本日の講演会を主催する「かわさき子どもの権利フォーラム」代表の山田さんと一緒に、この改定作業の事務局を担当していたのです。

資料集『ともに生きる』の最後のページに、事務局を担当した者としてまとめを書かせてもらいました。参考までに、その部分の資料をごらんください。

(資料集『ともに生きる』より抜粋)

おわりに ～多文化共生の社会をめざして～

子どもの権利条約では、差別されない権利を次のように定めています。「人種、皮膚の色、性、言語、宗教、政治的意見、その他の意見、国民的、種族的、もしくは社会的出身、財産、心身障がい、出生または他の地位にかかわらず、いかなる差別もなしに、この条約に定める権利を尊重し、および確保する。(第2条)」

あたりまえのことですが、人間は、必ず個別の条件のもとにひとりの人間として生まれ生きています。つまり、人種・民族・言語等の違いがあり、男女の違いがあり。身体的な違いがあり、思想・宗教等の違いがあり、出身・出生の違いがあり、受け継いだ文化に違いがあり、育った環境文化にも違いがあるというように。

人間として生きていくということは、実は、この違いを自分として生きていくことでもあるわけです。

差別がなぜいけないのか。それは、この自明の違いを、人間としての価値の上下や優劣にすりかえ、人間同士の関係をゆがめ断ち切るものであるからです。また、その違いを理由に、その人として生きていく道筋をゆがめ、その人の意思で自己決定しながら生きていく可能性や夢までつぶし、砕いてしまうからです。日本社会に根深く見られる同化意識には、この差別を支える危険性が秘められています。
“ともに生きる”という共生をめざす教育で大切なことは、したがって、この違いをしっかりと見据え、認め合い、尊重し合うことなのであり、違いを見えなくしたり見ないようにしたりすることではありません。
多文化共生の社会をめざす外国人教育は、国籍・民族・言語・文化等の違いを等価値のものとして、日本人児童生徒と外国人児童生徒双方の豊かさを育み、違いが豊かさとして響き合う人間関係や社会をつくり出すことをめざしています。人間としての尊厳の平等とは、この違いを認め合うことと同義でもあるわけです。

私は1992年4月に学校を離れ、教育行政の世界に入りましたが、学校現場で出会った多くの子どもたち、それもなかなか声をあげられない子どもたちに学ばせてもらったことが、その後の役所での仕事をするうえで貴重な支えになったように思います。今日は時間の関係もあり、レジュメ2枚目の事例をすべて紹介することはできませんが、外国人教育に関連して在日問題をめぐる事例だけ一部紹介してみます。

7 子どもが一歩踏み出す時 「私は在日韓国人です。」

私が社会科の教員だった中学校でのことです。夏休みの課題として、毎年、人権に関する作文を生徒に書いてもらっていました。その作文に、ある女子生徒が、「私は在日韓国人です。」と書いてきたのです。その生徒は日本名で生活していて、在日であるということを学校では誰にも打ち明けていませんでした。ところが、「私は在日韓国人です。」とサラサラっと人権作文に書いてきたのです。作文内容は、当時の南アフリカの人種隔離政策、アパルトヘイトが不当な差別ではないかということを、自分の立ち位置をはっきりさせたうえで批判するものでした。

夏休みの人権作文のうち、いくつかの作品は、本人の了解を得たうえで、文化祭の教室展示として掲示していました。その頃、部活動とはちょっと違った「日朝日韓友好同好会」というすごい名前の同好会を、当時文化活動の一環として、私は若い教員とともに担当していました。毎週土曜日の放課後に同好会室に集まり、在日の生徒も自分を隠さないでいい、出入り自由のなんのしばりもない同好会でした。本名を名乗っている在日の生徒もいましたが、ありのままの自分でいいし自由に話ができるという、雑談の場であり居場所でもあり、さらに文化祭に参加する活動の場でもありました。文化祭に演劇で参加することもあったのです。彼女は、そこには顔をだしたことがなかった生徒でした。

私はびっくりして、その生徒を呼んで「これ文化祭の展示にだしてもいいかな？」と聞いてみました。「これ、自分は在日だって、全校に打ち明けることになるけど、大丈夫かな？」。すると「大丈夫です。」ということなのです。その作文は本人の手で、模造紙いっぱいに書いてもらい展示したのです。当然本人の名前も書いてあります。

文化祭当日、展示室の前で、ぱったりその生徒のお母さんに会ったのです。「娘が、文化祭に作文が展示されているというので来てみました。何についての作文か、ちっとも教えてくれないんです。」と。そして自分の娘の作文の前に立ちつくし、ジーと読みながら何度も涙をふいているのです。「あの子がねー。こんなこと考えていたんですねー。家で話しあったこともないんですよ。あの子がねー。」そう言いながら涙ぐみ、小さな手帳を取り出して、全文を書き写し始めたのです。私は原文を持っていましたから、お母さんに、「よければ作文の原稿があるのでコピーして持ってきましょうか？全文書き写すのは大変でしょう？」とたずねたところ、「いいんです先生、自分の手で書きたいんです。家では何にも言わないのに。あの子がねー。こんなこと考えるようになったんですねー。」と。

子どもが一歩踏み出す時があるんですね。ありのままの自分を引き受けて、自分は自分で生きていくんだと。在日として日本社会の中で様々な苦労をしながら生きてきた母親にとって、娘の「私は在日韓国人です。」という一言は、どんなに胸を打つ、勇気づけられる言葉であったことか。ある意味、この私で生きていくんだという、娘の決意表明でもあるからです。

先ほどのユネスコ学習権宣言の言葉を借りれば、「自らの歴史をつくる主体」になっていくということにつながることなのかもしれません。そういう場面に出会うって、教員にとっては、本当にありがたく勇気づけられることなのです。

8 いよいよ子どもの権利条例の制定へ

ところで、学校現場しか知らなかった人間が役所の世界に入り、フレッシュなものを感じたのも確かです。役所の中には、市民生活を支えるために市のまちづくりに熱心に取り組む職員がたくさんいることを、その内側に入って一緒に働くことで新たに再認識できたのです。すべてが初めての仕事のようで、職員同士の人間関係も本当に新鮮に感じられたのです。学校では、先生、先生と呼ばれ、児童・生徒のことで教員は頭が一杯なのですが、外から見ると「閉鎖的な世界」に映っていたのかなと少々反省させられました。学校で働いていると、教職員という同じ仲間だけの職場となるので、見えなくなっている世界もあるのでしょう。

一方、役所には市民生活に応じていろんな部署があり、職員は3～4年で配置転換、仕事内容も全く変わってしまうこともあり、肩書きも職場の人間関係もさまざまです。これで、よく仕事が回っていくなと信じられないような面もありました。でもみんなそうやっています。いろいろな職場を経験しながら、市民生活を支えるまちづくりのために悪戦苦闘しているのです。まあ、こんな感想をもってしまったので、学校には戻れなくなってしまったのかもしれませんが。

さて、先ほどの外国人教育基本方針に戻りますが、この指針の改定は1998年4月のことでした。そして、同じこの年の4月から、いよいよもうひとつの大きなテーマとなる「子どもの権利条例」の事務局も、あわせて担当することになったのです。そのために事務局体制も強化されました。

ところで、子どもの権利条例をまとめる担当部署をどこにするか、実は前年から役所の中での協議は始まっていたのです。どの局の、どの部署が、子どもの権利条例制定に向けた事務局となるのか、これには紆余曲折もあり、候補となる局の「かけひき」もあったのです。条例だけつくればいいのではなく、日常業務があるうえに新たな条例制定という仕事を引き受けることになるわけで、仕事量は当然増えることになるからです。

教育を中心にすれば教育委員会、児童福祉の視点では健康福祉局、青少年行政では市民局、そして市の政策調整役としての総合企画局、この4局が主に中心となり何度も会合がもたれました。

どうやって子どもの権利条例を制定したらよいのか、これはちょっと考えるだけでも大変な作業になることが想像できました。内容にとどまらず、さらに、市民参加型の条例制定をめざすというのです。見本となる前例も、参考にする自治体や国もないのですから。

結局、教育委員会が担当することになりました。当時の教育長からは「夢のある仕事だから、小宮山さんやろうよ」との甘い誘いもありましたが、教育委員会が所管するとしても、教育委員会の中にも、いろいろな部署があるのです。学校中心なら学校教育部、学校外の子ども活動であれば生涯学習部、研究機関なら総合教育センター、そして私が属していた総務部の人権・共生教育担当と。

18歳未満のすべての子どもが対象となると、その範囲は一つの局の仕事では到底カバーできません。

子どもは学校だけでなくて家に帰れば家庭内で育っているし、地域社会でも育っています。生まれてからの乳幼児期、保育、施設、学校、家庭支援、福祉、虐待防止、子どもの相談体制、居場所の確保など、様々な分野が想定されました。さらには、子どもの生活にかかわる学校や施設での子ども参加のあり方も課題として想定されました。

条例制定部署をめぐって協議を重ねた結果、結局、教育委員会が事務局となりましたが、関連する他局も、その後も一緒に連携しながら条例制定に取り組むことになりました。

こうして、関係する部署は局を超えて役所内でしっかりまとまって、また、その力を借りながら、教育委員会の担当部署で条例案をまとめていく形がとれたのです。

子どもたちの参加も得て、また地域でさまざまな子どもの支援活動に取り組んでいる方々、各分野の専門家、一緒に仕事にあたった職員など、困難な作業ではありましたが出会ったのはみんな素晴らしい方々でした。

条例制定の取り組みの中で、教育委員会ではない市長部局の意欲的な職員に何人も出会い協力関係を築けたことは、その後いろいろと仕事をするうえで大きな力となりました。

9 人権オンブズパーソン制度の導入と憲法調査会

子どもの権利条例制定に向けては、まず手始めに呼びかけのパンフレットを作りました。最初は一般の市民向けに３万部、その後、小学４年生から高校生までを対象に９万部、それぞれ返信用のはがきをつけて、子ども向けのパンフは学校を通じて配布しました。

最初に事務局に届いた市民からの手紙は、虐待問題を訴えるものでした。自分の住む地域で近所の人たちが「これは危ないのではないか」と危惧していたのに、現実に子どもが虐待で亡くなってしまったというのです。どうして身近な住民として、その子を守れなかったのか、そういう子どもたちを二度と出さないようにするためにも、虐待問題に対応できるような条例にしてほしいという手紙でした。虐待問題は、現在さらに深刻な問題として全国に広がっていますが、20年以上前の条例検討時にも、すでに虐待が川崎市内でも問題になっていたのです。

したがって、条例案の検討では、この虐待問題は大きな柱として議論され、いじめの問題などとともに対応策も検討されました。その対応の一つとして、子どもの権利救済の機関として、人権オンブズパーソンが新たに制度化されることになったのです。

この人権オンブズパーソン制度は、2000年12月の子どもの権利条例制定を受けて、関連する条例の形で、翌2001年６月に制定されました。権利救済機関としては、この６月に同じく制定された男女平等かわさき条例とも関連し、おもに子どもと女性の権利侵害からの救済をめざすものでした。

この人権オンブズパーソン制度については、既存のオンブズマン制度を見直す統合型オンブズマン制度として庁内では何年も検討されていましたが、子どもの権利条例制定に向けた答申案が市に示された2000年６月以降、答申内容も踏まえ、頻繁に会議がもたれるようになり、私も子どもの権利条例の事務方として会議には参加していました。

川崎市にはすでにオンブズマン制度がありましたが、これは、行政が行った事業とか施策や行政職員の対応などで市民が不利益を被った場合に訴えることができる制度です。つまり、行政と市民の間の問題が対象となり、民と民の間、つまり民間同士の間には、オンブズマンは入れませんでした。

例えば子どもにかかわる事案では、教職員の体罰やセクハラだけではなく、子ども同士のいじめの問題などもあり、こうした民と民の間の問題には入れないのです。親子の間で起きる虐待問題などでは、児童相談所はありますが、当時はまだ国の法律として虐待防止法もなかったため、家庭内への介入はなかなかできない状態でした。こういう状態を市の役割としてどうにか改善できないかということで、まずは、子どもと女性の救済を、裁判所とは異なる方法で、気軽に市民誰もが無料でいつでも相談でき、迅速に解決を図る仕組みとして、人権オンブズパーソン制度が検討されたわけです。

議会の審議では、既存のいろいろな救済機関との連携や役割などをめぐってさまざま意見もありましたが、賛成多数で可決成立しました。

当時、DVの問題などの女性の権利侵害も非常に深刻でした。しかしこれは、国が法律を作って、女性の権利侵害からの救済は、国の法律でもかなりの部分が対応できるようになりました。子どもの権利条例の骨子案を市民も交え検討していたころは、国の法律として虐待防止法がなかったため、その分、子どもの権利条例案の検討段階では相当な時間をかけて議論し、その内容は答申案のなかに盛り込まれましたが、答申の直前の5月に、虐待防止法が成立したため、国の法律と答申案及び条例案の内容を精査することになりました。

人権オンブズパーソンは、条例制定後約1年近くの準備期間を経て、2002年5月から相談活動を開始することになりました。

それから1年ほど経過した2003年3月のことですが、参議院憲法調査会に参考人として川崎市の人権オンブズパーソンが突然招かれたのです。衆議院と参議院の両院にはそれぞれ憲法調査会が設置されていましたが、憲法改正論議もあるなかで、憲法の基本的人権をめぐって、国会において現状の調査がすすめられていたのです。その一環として、子どもの人権をめぐるテーマで、川崎市の人権オンブズパーオンに声がかかったわけです。当日は、オンブズの事務局と一緒に、子どもの権利条例の事務方として私も同席しました。

この日の基本的人権をめぐるテーマでは、他には、外国人の労働問題、女性の社会参加と雇用問題、そして日本国内の先住民アイヌ民族をめぐる人権問題などがとりあげられていました。これらの人権課題については、その後これまでに、法律改正や新法の制定などの進展もみられているようですが。

子どもの人権のテーマでは、川崎市のオンブズパーソンより、活動実績とともに、子どもの権利条例や救済活動についてのオンブズパーソンの役割など、自治体の取り組みとしての意義や重要性が熱く語られました。

報告後の質疑では、国会議員の方々から、川崎市が自治体としてこういう条例をつくり子どもの権利保障に取り組んでいることは素晴らしいとの賛辞が多く寄せられたことを覚えています。

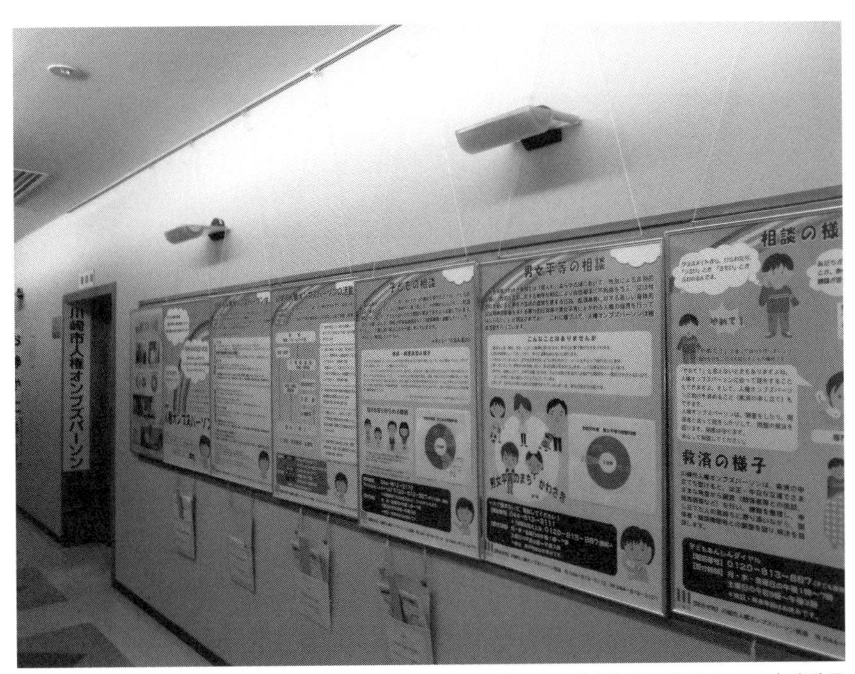

すくらむ21内にある「人権オンブズパーソン」事務局

10 子どもの権利条例から子ども夢パークの誕生へ

川崎市子ども夢パーク　オープニングイベント

夢パまつり

もうひとつ、子どもの権利条例から生まれた川崎市子ども夢パークについてです。

子どもの権利条例では地域における子どもの権利保障として、子どもたちがありのままの自分でいられ、安心して遊び休息し活動し、また安心して人間関係をつくりあうことのできる「子どもの居場所」や「参加活動の拠点」の確保についても、条文に取り入れています。関係局の担当者の間では、条例案の検討段階から、どこか拠点となる広場が確保できないかと相談し、私も何度も打診していました。子どもたちが出会える場所、憩える場所、居場所になる場所、さらに不登校の子どもたちにとっても居場所となる場所、そういうところができないか、できれば川崎の中心がいいと。

2000年夏頃には、市が保有する工場跡地の利用法をめぐって、子どもの居場所候補地として整備できないか、可能性について関係局と調整も始めていました。夢広場とか、名前もまだはっきりしていませんでしたが。

役所では、大きな政策決定をするには、所管局が政策調整の会議に提案内容を図り、そこで正式に市としての決定がなされることになります。子どもの権利条例も、議会に提案する前には、当然、この政策調整の会議で市としての決定手続きを踏んでいます。一旦決定された内容を変更するには、政策調整会議でもう一度これを覆す作業をやらないと、決定された政策は簡単には変えられないのです。

この、子ども夢パークについては、子どもの権利条例が制定された2000年12月の翌月、つまり2001年1月初めの年頭記者会見で、高橋市長から子どもたちへのプレゼントとして子ども夢パークの基本計画が発表されたのですが、当然発表の前に、市として政策決定されているわけです。この発表をうけて、教育委員会内部では、この計画実現のための夢パークの準備会議なども毎月のように開かれるようになりました。

ところで、子どもの権利条例では、不登校の子どもたちへの対応は、具体的に条例文に表記していません。課題や対応をめぐっての議論はもちろんしていましたが、条例のような法規に「不登校」という言葉で子どもたちをひとくくりにすることへの懸念があったからです。

一方、「子どもの居場所」のイメージとしては、さまざまな子どもたちが出会える場所、憩える場所、安心して集え活動できる場所、そして不登校の子どもたちにとっても居場所となる場所、そういうところがつくれないか、できれば川崎市の中央あたりの広場で、 そういう案で、政策調整部署ともやりとりしていたのです。

この、不登校の課題をめぐっては、教育委員会としても何か支援ができないかということで、以前に「健康学園構想」をまとめたことがありました。

学校にたどり着くことができない、あるいは学校に行けなくなった不登校の子どもたちが安心して生活でき、力をつけられるような場を、川崎市につくることができないかという課題をめぐって、教育委員会としても何らかの対応が求められていたのです。そのひとつの解決策が「健康学園」という考え方でした。この構想につき、市民向けの説明会が何度も開かれましたが、当時は市民からの反発も強く、不登校の子どもたちだけを集めて、そういう学園という名の施設みたいなところに入れて、元気にさせてまた学校に戻すのかという批判さえあったのです。結局、この構想は、なかなか市民の理解を得られず、そのままになっていて、教育委員会としても、この構想を継続する考えはなかったのですが、子どもの権利条例の「子どもの居場所」の検討で、この不登校をめぐる課題が再びもちあがってきたのです。

こういう状況の時に、利用されていない市有地の利用法も合わさって、夢パークが検討されていったのです。この夢パークの検討にあたっては、子どもの権利条例の事務局と一緒に検討作業にあたっていた市長部局の政策担当者の協力が、私にとっては大きな力となりました。そういうメンバーに出会えたことも幸いでした。

子ども夢パークは、その後、教育委員会生涯学習部に事務局を置いて、子どもたちとのワークショップや推進員会の開催、市民意見の集約、運営準備会などを重ね、川崎市子ども夢パーク条例制定後の2003年7月に開園となりました。子どもの権利条例で定めた「子どもの居場所」「参加活動の拠点」や子どもたちの憩える遊び場として、また施設の一部には、不登校の子どもたちの居場所としてNPOが運営する「フリースペースえん」も入り、日本で初の公設民営型のフリースペースとして活動し、注目されています。

11 条例制定と議会対応

条例を制定するには、市議会との関係も大変でした。条例案を行政サイドでまとめたとしても、条例は、最後は議会権限で決定するものだからです。

子どもの権利条例制定に向け動き始めた頃のことです。ある議員から連絡がありました。「うちの会派の中に、子どもの権利条例なんていらないのでは、われわれの子ども時代を考えてみなよ、と言っている人がいる。まず自分たちの会派をまとめないといけないので、その議員に趣旨をよく説明し説得してくれないか。」と言うのです。議員控え室に行き、膝詰めでその議員さんと色々話をし、子どもを取り巻く様々な問題や子どもの権利条約の考え方、自治体の新たな役割などざっくばらんに話し合ったこともありました。「しょうがないな、時代も変わってきたんだな。」とか言っていましたが、最後は納得してくれました。

条例は議会で賛成されなければ制定できません。大きな条例になると、本会議前の段階で各会派を回り、議員さんとの勉強会をしたり意見交換をすることもあります。趣旨や内容をよく理解していただくためですが、職員にとっては厳しい質問責めの場となります。市民生活や税の使い方にもかかわってくるので、議会側も当然、慎重になります。会派の窓口になる議員さんとやりとりをすることになると、条例案の内容ひとつひとつに対し疑問点を指摘されることもあります。その疑問点については、きっちり説明できないといけないのです。

子どもの権利条例案を議会に上程した際には、ある会派の議員さんは、相当厳しくまた細かく箇条書きにした質問を投げてきたことがありました。その議員さんには、「いま指摘していただいたところは極めて大切な点なので、議場で全部質問してください。市民の方々も疑問を持たれているはずですから。それに答えていくことが、この条例の趣旨を議会の中で説明できる重要な機会になりますから。」と応じたこともありました。その通りに、しっかりと、疑問点はみんな質問してきましたが。

ある時、議員さんから「条例の逐条の解説は用意しているのか」と尋ねられたことがありました。その時は、まだできあがってなくて正直「まずいな」

と思いました。しかし、日常の業務は忙しく、会議が休日にも入っている状態で、職場で集中して解説文を書いていられないのです。そこで、当時の上司に、休みを取らせてもらえませんかと頼み、休日をはさんで１週間近く休みをとり、家で徹夜で条文毎の解説をまとめていったのです。年休をとってです。まとめた解説文をベースに、荒牧さんや喜多さんといった専門家の方々にアドバイスをもらって、この表現で大丈夫か、これでいいのか、付け加えることはないか、と確認調整をしながらまとめていきました。逐条の解説にあたっては、単なる条文の解釈だけではなく、２年間にわたる検討作業の中で、どういう議論や子どもたちの意見があって、また、関係者のどういう思いがあってまとめられた条文なのかという背景も、できる限り解説の中に残しておくことが大切だと考えていました。まるで解説文をまとめながら、２年間の話し合いを頭の中で再構成していくような作業でした。

最終的に議会は全会一致でこの条例に賛成してくれました。本当に嬉しかったです。市民を代表する人たちに認められたわけですから。最初は「子どもの宣言」みたいなものを作ればいいのではないかと言われたこともありましたが、どうにかたどり着けました。これは、事務方だけではなく、出会った市の職員全員の大きな力のおかげだと思います。そして、その背後には市民の大きな力があったからこそできたことでした。子どもたちの参加も大きな励みに、また支えになってくれました。

12 おわりに　市民社会の中にネットワークを

そろそろ時間ですので、まとまらないのですが最後の話をしたいと思います。

子どもの権利条例策定にあたってお世話になった篠原一先生のことです。もう亡くなられてしまいましたが、篠原先生は、当時、市の政策について相談役のお一人でした。東大名誉教授で全国的にも著名な政治学者でした。この方に、子どもの権利条例検討連絡会議の座長をお願いしました。そして市民とともに２年近くをかけまとまった条例骨子案を、当時の高橋市長へ答申していただきました。

後々知ったことなのですが、「地方行政」という行政職員がよく読む雑誌に、篠原先生が「川崎市子どもの権利条例が意味するもの」というタイトルで、上・下２回に渡って文章を載せていたのです。１回目の内容は、国際条約や子ども虐待への対処、子ども主体の市民参加の徹底的な追求、というような内容でした。後半部分の２回目では、条例が意味するものとして、子どもとおとなは社会のパートナーであること、権利条例で設置を検討している子ども会議や権利委員会などにふれていました。

その最後のところに、残された課題ということが書かれていました。骨子案から条例に変えていかなければならない作業が大変なのだということとともに、残された課題として第一にあげていたのが「権利条例をポジティブに具体的な施策を通して展開していくためにも、またネガティブに権利侵害に対して子どもを救済していくためにも、最も必要なことは、市民社会の中にそのためのネットワークをいかに作るかということである。これが第一の課題である。」と。

篠原先生がそういうことを書かれていたことを、私はずっと後になって知ったのです。先生は、非常に市民の力を大切にされた方でした。政策や施策判断の際の戒めとして、ある会議の中で先生はこうも言われました。「市民社会の熟度というものがある。それぞれの自治体で取り組んでいくには熟度というものも考慮しなければならない。理想を追ったら、それはずーっと先まで理想のものを作ることはできるかもしれない。でも市民社会の熟度と行政が進める施策や方向性との乖離があっては、なかなか市民はついていけない。うまくいかないのだよ」と。どこまでで、理想と現実の折り合いをつけていくか。これは、多分、今も問われていることなのだと思います。そのためにも市民の力を信じ、市民社会の力を大切にしていく必要があるのだと思います。

子どもの権利条例は守備範囲が広いものです。実際に活動されている方々は、それぞれの分野でみんな悪戦苦闘しながらやられているのではないでしょうか。社会の中でマイノリティの立場におかれている人たち、例えば障がいのある子どもの支援、あるいは非行に揺れている子どもの支援、在日外国人やなかなか自分を打ち明けられない子どもたちの支援、児童養護施設の子どもの支援、虐待問題に取り組んでいる方たち、さまざまな差別解消に向け闘っている方たち、いろいろあります。いろいろな所で、市民のいろいろな方たちが活動しています。でもそのネットワークをどうつくるか、あるいは子どもの権利保障のために取り組んでいる様々な分野とどうやってうまく連動していけばいいのか。これはなかなか難しい作業です。多分、今日、こういう講演会を開催している主催者「かわさき子どもの権利フォーラム」も、そこを探って一生懸命いまネットワークを広げる活動もめざしているところなのだと思います。

本当にいろいろな方々から力をいただいて制定できた子どもの権利条例ですが、初めに紹介した本の巻頭言ではないですが、この条例は制定がゴールなのではなく、これからもいろいろな方々の力で支え育てていく条例なのだと思います。

時間になりました。聞いていただいて、今日は本当にありがとうございました。

13 質疑応答

Q. 権利条例を作るにあたって、子どもも大人も一緒に考え合ってきたとありますが、どうやって市民を巻き込んでいったのですか。

A. 川崎は、子どもの参加については、これまで色々と取り組んできました。例えば子ども議会も市議会議場で行っていますし、まちづくりへの参加では子ども夢共和国という事業も展開しました。

子どもの権利条例制定では、そのためのパンフ類も川崎の子どもたちの手に届くように作成配布し、参加を呼びかけました。公立学校だけでなく、市内の私立学校もすべて訪問し、資料配布と参加をお願いしました。市内の朝鮮学校にも出向き、校長先生に趣旨の説明をし、資料配布と参加を呼びかけました。条例制定後も同じようにしています。市内にある神奈川県立学校は川崎市の所管ではありませんが校長会で説明をし、同様に資料配布と参加をお願いしました。県の教育委員会、横浜市の教育委員会にも出向いています。福祉の分野でも同様に、川崎の子どもが入所している市外施設にも働きかけをする。そういうことは非常にこまめにやってきました。市民集会もそうです。

子どもが当事者として参加していくのは、ある意味当然のこと。学校を考えてみると、生徒会児童会、委員会や係活動、あるいは行事、遠足でも修学旅行でも、文化祭や運動会でも、みんな子どもたちが色々考えあいながら、子どもたちなりに取り組んでいきます。学校では日常的に子どもの参加活動が取り入れられているわけです。

子どもの権利条例の検討では、子どもの意見を取り入れるために子ども委員会などもつくりました。また、子どもの参加をどうやって活性化していくか、学校運営にどのように反映させていくか、あるいは子どもの施設の運営にどう活かしていくか、新たな仕組みも検討されましたが、学校での活動とともに、これまでの子ども参加の取り組みが蓄積としてあったということが力になったのではないかと思います。

Q. 全会一致でこの条例を可決するために、議員の方への説得が大変だったという話で、議員にとっては何がNGだったのですか。

A. 条例は、一般的には役所がまとめ議会で可決されて成立し市民に紹介される、というパターンが多いようですが、地方分権の流れの中で、子どもの権利条例では市民参加型の条例制定をめざしたわけです。条例制定のはじめから、市民が参加し子どもが参加して案をまとめあげていくことをめざしたわけです。そのため、会議も集会も資料もすべて市民にオープンです。議会にも審議経過や課題や資料もずっと提示し、質疑を受けながら進めました。その上での条例案ですから、最終的に議会が反対するということはなかなか難しかったのかもしれません。背後には市民の存在があるわけですから。

人権オンブズパーソン条例をめぐっての話になりますが、議会でさまざま意見がありました。子どもの権利条例担当の事務方として質疑に同席した際、私は、オンブズパーソンは白黒をつける裁判官ではないこと、また権力者でもなく、その権威の裏付けは市民にあることを力説しました。その権威は市民に支えられ、また権威の源泉は市民なのだと。市民に支えられた権威を背景に、人権オンブズパーソンは子どもや女性の権利救済にあたるのだということを力説しました。

人権や権利という言葉に敏感に反応する面があるのかもしれませんが、当然、議員の方々にもさまざまな意見があります。会派によっても異なるし、無所属の議員もいる。人権や差別のこととなるといろいろ難しい、難しいから慎重になる、慎重になり消極的になる。人権に関わる条例なんていらないとか、そういう声が出てくることもある。色々考えがあって当然自由なわけですが、条例を制定するには最終的には議会で決めるわけですから、提案する側は、この議員対応は本当に丁寧にやるしかありません。議員は選挙で選ばれて、議員の背後には市民がいるわけです。

子どもの権利条例では、私個人としては、行政が議員に対応するというより、市民になり代わって行政の担当者が議員に対応しているという構図を常につくり続けていくことが大事だと思い、そういう対応を心がけました。やはり2年近くをかけ、多くの市民、子どもたちや関係者の参加をえて、子どもの権利条例がまとめられていったという背景が重さとしてあったからだと思っています。

Ⅳ

子どもの権利と支援の仕組みはどう創られたのか

—子どもの権利の普及・啓発、参加、相談・救済、行動計画、検証を中心に—

荒牧　重人（山梨学院大学）

夢パーク　ドリームシンフォニー

＊ 2019 月 7 月 13 日　かわさき子どもの権利フォーラム総会より

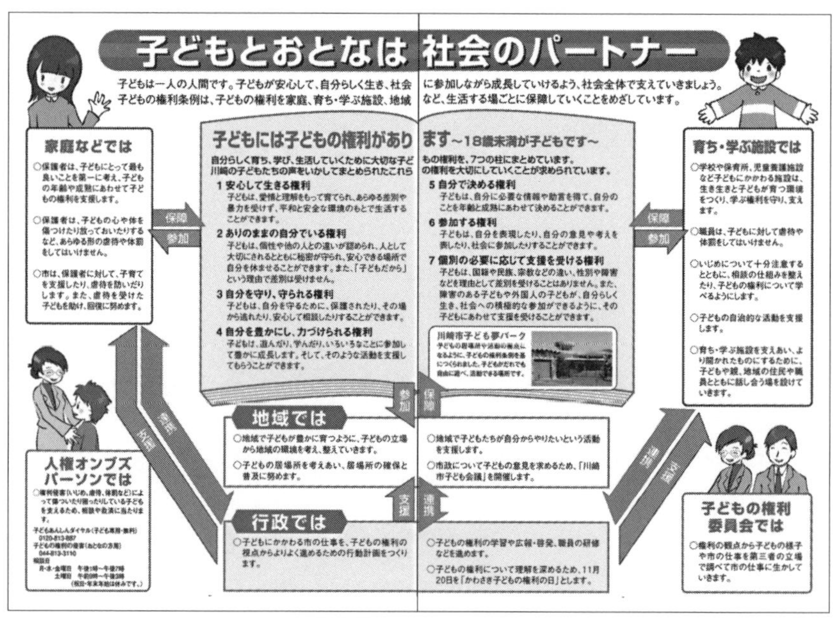

子どもとおとなは 社会のパートナー

子どもは一人の人間です。子どもが安心して、自分らしく生き、社会に参加しながら成長していけるよう、社会全体で支えていきましょう。
子どもの権利条例は、子どもの権利を家庭、育ち・学ぶ施設、地域など、生活する場ごとに保障していくことをめざしています。

子どもには子どもの権利があります～18歳未満が子どもです～

自分らしく育ち、学び、生活していくために大切な子どもの権利を、7つの柱にまとめています。
川崎の子どもたちの声をいかしてまとめられたこれらの権利を大切にしていくことが求められています。

1 安心して生きる権利
子どもは、愛情と理解をもって育てられ、あらゆる差別や暴力を受けず、平和と安全な環境のもとで生活することができます。

2 ありのままの自分でいる権利
子どもは、個性や他の人との違いが認められ、人として大切にされるとともに秘密が守られ、安心できる場所で自分を休ませることができます。また、「子どもだから」という理由で差別は受けません。

3 自分を守り、守られる権利
子どもは、自分を守るために、保護されたり、その場から逃れたり、安心して相談したりすることができます。

4 自分を豊かにし、力づけられる権利
子どもは、遊んだり、学んだり、いろいろなことに参加して豊かに成長します。そして、そのような活動を支援してもらうことができます。

5 自分で決める権利
子どもは、自分に必要な情報や助言を得て、自分のことを年齢と成熟にあわせて決めることができます。

6 参加する権利
子どもは、自分を表現したり、自分の意見や考えを表したり、社会に参加したりすることができます。

7 個別の必要に応じて支援を受ける権利
子どもは、国籍や民族、宗教などの違い、性別や障害などを理由として差別を受けることはありません。また、障害のある子どもや外国人の子どもが、自分らしく生き、社会への積極的な参加ができるように、その子どもにあわせて支援を受けることができます。

川崎市子ども夢パーク
子どもの居場所や活動の拠点になるように、子どもの権利条例を基につくられました。子どもがだれでも自由に遊べ、活動できる場所です。

家庭などでは

○保護者は、子どもにとって最も良いことを第一に考え、子どもの年齢や成熟にあわせて子どもの権利を支援します。

○保護者は、子どもの心や体を傷つけたり放っておいたりするなど、あらゆる形の虐待や体罰をしてはいけません。

○市は、保護者に対して、子育てを支援したり、虐待を防いだりします。また、虐待を受けた子どもを助け、回復に努めます。

育ち・学ぶ施設では

○学校や保育所、児童養護施設など子どもにかかわる施設は、生き生きと子どもが育つ環境をつくり、学ぶ権利を守り、支えます。

○職員は、子どもに対して虐待や体罰をしてはいけません。

○いじめについて十分注意するとともに、相談の仕組みを整えたり、子どもの権利について学べるようにします。

○子どもの自治的な活動を支援します。

○育ち・学ぶ施設を支えあい、より開かれたものにするために、子どもや親、地域の住民や職員とともに話し合う場を設けていきます。

保障　参加

地域では

○地域で子どもが豊かに育つように、子どもの立場から地域の環境を考え、整えていきます。

○子どもの居場所を考えあい、居場所の確保と普及に努めます。

○地域で子どもたちが自分からやりたいという活動を支援します。

○市政について子どもの意見を求めるため、「川崎市子ども会議」を開催します。

支援　連携

行政では

○子どもにかかわる市の仕事を、子どもの権利の視点からよりよく進めるための行動計画をつくります。

○子どもの権利の学習や広報・啓発、職員の研修などを進めます。

○子どもの権利について理解を深めるため、11月20日を「かわさき子どもの権利の日」とします。

人権オンブズパーソンでは

○権利侵害（いじめ、虐待、体罰など）によって傷ついたり困ったりしている子どもを支えるため、相談や救済に当たります。

子どもあんしんダイヤル（子ども専用・無料）
0120-813-887
子どもの権利の侵害（おとなの方用）
044-813-3110
相談日
月・水・金曜日　午後1時～午後7時
土曜日　午前9時～午後3時
（祝日・年末年始は休みです。）

子どもの権利委員会では

○権利の観点から子どもの様子や市の仕事を第三者の立場で調べて市の仕事に生かしていきます。

リーフレット　子どもとおとなは社会のパートナー

川崎市子どもの権利条例は全国初の「総合的な」条例

わたしは、川崎市子どもの権利条例をどういうふうに活かせばいいのか、ということに関心がありました。条例というものは、つくるときよりもどう実施するのかが非常に重要です。各地で条例をつくるときも、どのように実施のための制度設計をしていくかという点を強調してきました。

川崎市の条例は全国初の子どもの権利を保障する総合条例です。この総合条例のなかで、子どもの参加や相談・救済制度、行動計画の策定、そしてそれを検証するシステムがあるということが重要です。川崎市の条例は、子どもの権利についての理念・考え方、市の役割や家庭・育ち学ぶ施設・地域等の役割とそこでの支援、子ども施策の原則、子どもの参加や相談·救済の制度、条例実施と検証の仕組みなどを総合的に定めている点に特徴があります。

また、条例の規定はどうしても“その時の状況”を反映するし、“妥協的に”もなります。それを「計画」で“補う”、“具体化する”。その「計画」が効果的に実施されているかを市民とともに「検証」し、条例の規定についての理解と次の施策に活かす。そして、条例の意味・内容を深めるというサイクルを繰り返す、という仕組みを採用しました。

なお、条例制定にあたっては、子ども・市民参加と国連・子どもの権利条約を強く意識しました。制定当時は、子どもの権利についての当時の状況や世論の動向等もあって、条例の理念や子どもの権利のカタログ等に関心が向けられ、逆に条例を実施するための仕組みなどについてはあまり議論されませんでした。

2019年は、条例の基盤である子どもの権利条約の国連採択30年・日本批准25年であり、また国連・子どもの権利委員会による第4・5回日本審査が行なわれ総括所見が出された年でもありました。そして、2020年は川崎市の条例制定20年、21年は条例施行20年です。

この間、川崎市子どもの権利条例ができて、どこがどう変わったのか（変わりつつあるのか）？変わらないのか？条例を活かした川崎市の子ども施策、社会の構築のためにはどうしたら良いのか？などについて、条例の制定時に考えたことや条例の規定·内容等をふまえながら、考えていきたいと思います。

2 川崎市子どもの権利条例制定の背景

条例制定の背景

条例の制定時において、わたしたちがもっともこだわったのは子どもがおかれている厳しい現実、そこに真摯に向き合うことでした。

また、国連・子どもの権利条約の採択・批准が背景としても重要でした。条例上の子どもの権利は、日本も署名・批准をした国連・子どもの権利条約にいう子どもの権利を基にしています。これらの権利は誰もが否定できない。子どもの権利を否定することは日本の民主主義社会を否定するということになり、子どもに権利なんかないということになりかねません。ただし、子どもの権利条約を基にするとしても、それをそのままでは子どもたちに伝わらないので子どもたちの意見を入れて、子どもたちに伝わるように工夫をしました。

さらに、条例制定の前提的な背景として、川崎市の市民主権·自治、人権共生、外国人代表者会議、市民オンブズマンなどの先駆的な理念、制度、活動等がありました。地域教育会議、子ども夢共和国、子ども集会、子どもの権利条約の普及等々の蓄積も背景にありました。

とくに川崎市では、チャレンジ精神のもとで、当時から市長・行政、教育委員会、教職員組合、地域住民等による「教育改革」「学校改革」の取り組みが進んでおり、子どもの権利条例ができていく下地がすでにつくられていました。

制定過程における市民参加、子ども参加

わたしたちは、この条例の制定にあたっては、子ども参加、市民参加にもこだわってきました。この条例を実現していくために、最後の決め手は子ども参加、市民参加です。制定過程では、市民も独自のグループをつくって審

議を傍聴したり、調査をしたり、提案をしたりしました。また、条例案をつくる委員会には、子ども委員の数を決めずに公募で募っていましたし、委員会の座席を決めずに座りたいところに自由に座ることにしていましたし、委員会での審議は子ども委員がいることを前提にすすめていました。つまり、行政や議会、専門家ではなく、川崎に生活をしている子ども、市民・NPOが鍵を握る。そういう意味で参加にこだわっていました。

とくに子どもの参加という面でいえば、条例制定時からあった子どもたちの自主的な会合、具体的には「子ども会議」のメンバーの言っていることや集会のアピールなどを条例に反映させたいと思っていました。子どもたちと一緒に条例をつくっているときに、子どもの意見をただ聴いただけじゃだめで、具体的に取り入れたというのが重要です。そういう意味で、前文とか、条例7条3や2章の子どもの権利の規定などに子どもの意見が取り入れられたと思います。例えば、条例7条3には、市は子どもによる子どもの権利についての自主的な学習等の取り組みに対して必要な支援をする、と規定されています。これは子どもたちの意見をそのまま取り入れた条文です。通常、子どもの権利について市の普及・啓発や市関係の研修が定められます。それに加えて、子ども委員などからは自分たちがちゃんと勉強する時にも支援してほしいと提案していたのでした。

それから、1990年代に、日本教育法学会という学会で子どもの権利基本法案と子どもの権利基本条例案を検討する特別チームをつくって検討し、具体的な案まで提示していました。子どもの権利基本法案は、国会でつくってほしかったことではありますが、国会議員にはあまり関心を持ってもらえませんでした。しかし、子どもの権利基本条例案の方は具体的に川崎市の条例づくりにとっても役立ったと思います。

3 子どもの権利の理念と条例の普及

これから、条例の規定に則して、できるかぎり具体的に検討していきます。子どもの権利の総合的保障を支える基本理念である、子ども観や保障すべき子どもの権利の理念などが、前文や第2章に規定されました。

子どもは一人の人間として権利の「全面的な」主体であること、子どもは市民として社会の構成員・パートナーであることなどが規定されています。子どもの権利は、子どもの現実と思いに即して、子どもの生活の場において保障されるように工夫されること、とくに子どもの権利についてのおとなの意識とのズレも背景として押さえることなども重要ですし、それらのことを意識して前文が定められています。

子どもにとってとくに大切にされる権利は、第２章で条文化されています。第２章は、子どもたちの対話の中で生まれたものです。そういう第２章ですから、少しでも法律をやっている人は、安心して生きる権利、ありのままの自分でいる権利など、こんなのを権利と言えるのか、と当然思うでしょう。ですが、子どもたちからすると、安心できること、ありのままの自分でいること、自分で決めるということなどが重要であり、切実なのです。だからこそ、条文上の工夫をしていました。

第２章で工夫された子どもの権利条文

例えば条例第10条で、安心して生きることが重要であるという子どもたちの意見をふまえて、子どもには「安心して生きる権利」があるというタイトルにしています。そのためには、次に掲げる権利が保障されなければならない、という規定の仕方になっています。そこで具体的に保障される権利の内容というのは国連・子どもの権利条約や憲法等の国内法で認められている権利を具体的に定め、もし万が一法的な争いになっても十分に耐えられるようにしているのです。

繰り返しますが、その条文が子どもたちに伝わらないと意味がないので、安心して生きる権利などをタイトルに掲げて工夫しました。そのために、子どもたちとの対話を活かしています。

ところが、制定当時は当時の状況を反映して、子どもの権利の考え方や捉え方に議論が集中しました。子どもや市民が参加すると、いっそうこのような考え方に議論が集中するところがあったことも事実です。

条例の広報・普及の実際

この条例の広報・普及、学習、研修等、川崎市では多様に展開され、その効果も出てきています。具体的には、条例の広報パンフレット（小学生・中高校生・市民向け）、子ども用学習パンフや教師用指導資料、絵本「れいちゃんとまほうのすな」やPRアニメ「みんなで考えよう　川崎市子どもの権利条例」の作成、子どもの権利に関する情報誌「ちっち」の発行などです。

また、「かわさき子どもの権利の日」のつどい・事業なども実績を積み重ねています。

なお、条例の認知度は若干上昇傾向にありますが、依然として半数の子どもは「知らない」状態です。詳しく数値でいうと、以下の通りです。

・子ども「知っている」16.4%、「聴いたことはあるがよくわからない」33.3%
・おとな「知っている」10.3%、「聴いたことはあるがよくわからない」28%
・職　員「知っている」76.8%、「聴いたことはあるがよくわからない」20.8%

（第6回川崎市子どもの権利に関する実態・意識調査報告書〔2018年〕から）

条例リーフレットの表紙

子どもの権利「わがまま論」とどう向き合うか

川崎市でも､「わがまま論」（子どもの権利を認めるとわがままになる）とか、子どもの権利を言うんだったら義務を果たせ、とかいう人たちが根強くいます。条例制定当時もそのような声は多かったです。

「わがまま論」に対する一番の回答は、少なくとも子どもの権利とわがままは結びつかない、ということです。制定当時は「わがまま論」を出されると、そのような疑問を出す人たちを理論的に追い詰めがちであったし、いかにあなたが間違っているかと反論していました。しかし、せっかく子どもの問題を考えてくれている人がいるのに、その人たちを追い詰めて敵にしてしまっては意味がありません。今はそのような意見もきちんと聴き向き合うようにしています。どんなところがわがままですか？などと。そうすると、けっこう一致することがあります。ですが、そのことと子どもの権利というのはどう結びつくのかというように逆質問すると、まともな説明をしてくれた人がいません。

また、子どもの権利には義務が伴うという人がいます。このような主張をされると、やはり感情的になってやりこめるような対応をしていました。しかし今は、このような主張にも耳を傾けるようにしています。

子どもの権利に対して道徳的な義務を対応させている人が多いです。他人の意見を尊重する義務だとか、条例制定当時には勉強することは子どもの義務であると言い放つ人もいました。少なくとも子どもの権利には他者の権利を尊重する義務が伴うとよく言われます。これは義務という形で考えていかないといけないのでしょうか？本来、他者の権利を尊重することは権利行使のありようの問題です。みんな権利の主体であって、お互いに権利を尊重しないとこの社会の関係や人間関係が成り立たない。必然的に、権利は相互尊重につながるということです。

さらに、ルールや規則を守ってから自分の権利を主張しないと、ということもよく言われます。では、社会のルールを守るのは何のためか？社会のルールと抽象的に言われてもよく分かりませんが、少なくとも現代では、一番のルールは人権を守ることではないでしょうか。そうだとしたら、人権の尊重とルールを守ることがどうして矛盾をするのでしょうか？

そういうふうに子どもの権利について否定的な意見を言う人に語ってもらうと、少なくとも敵にはなりません。こういった語り合い、やり取りをして、やっぱり子どもに権利は必要だな、もう少し子どもたちにやれることを皆で支えていこうということになる。川崎のまち全体で、子ども自身の育ちを見守り、応援していこうということになるのではないでしょうか。子どもと権利の主体として向き合うことで、わたしたちも子どもの活動に対して許容度や寛容度が広くなります。少なくともこの条例は、まち全体で子どもたちを見守っていく、支援をしていく条例なのだという理解が少しずつ広まっています。

4 子ども支援者の支援

第３章では、家庭、学校・施設、地域での子どもの権利保障のあり方について言及しています。家庭については、子どもの権利を支える親・保護者の支援、子育て支援のあり方、さらには子どもへの虐待・体罰の禁止、それからの救済などを規定しています。学校等については、その条件整備、学校安全体制の整備、体罰等の禁止、いじめの防止のほか、子ども本人にかかわる文書の管理などを定めています。地域については、地域における「子育ち」の支援、「居場所」の考え方の普及と居場所づくりなどを定めています。いまでこそ「子どもの居場所」という考え方や文言は普通に使われますが、この条例では「子どもの居場所」の考え方・あり方まで定め、その普及と居場所づくりをすすめています。また、この条例は、地域の（再）構築にむけた条例としての意味を重視しており、①子育て・教育環境としての地域、②子どもの居場所としての地域、③子どもの活動拠点としての地域を規定しています。パートナーシップに基づく、家庭・学校・施設・地域・行政等との連携もうたってきました。

この面での進展はみられますが、依然「起こってはならない事件」も発生しています。だからこそ、親や保育士、教職員、地域の子どもに関わる人びとに対する支援、権利の保障を合わせて考える必要があります。そうしないと子どもの権利が実現できません。この条例はまさしく子どもの支援条例であり、子どもに関わる人の支援条例であり、まち全体で子どもの育ちを支えようとする条例でもある、そういったことも意識してきました。

5 子どもの参加

子ども会議が初の提言書

大人 学校に改善求め

川崎

川崎市子ども会議のメンバーは二十六日、阿部孝夫市長に、街や学校の在り方、大人や先生、子どもの権利条例などについての意見や要望をまとめた初めての提言書を手渡した。学校の防犯体制の強化や指導力不足の先生の指導、同権利条例の周知を求めるなどしている。（林 [illegible]）

同会議は二〇〇二年度に同権利条例に基いて設けられ、市内の十一〜十七歳の子供四十五人で構成されている。提言書は、〇三年度中に市内の子供たちや子供関連の団体から市長に出された意見などを、〇四年三月二十一日に開かれた子ども集会で議論するなどしてまとめた。「大人」「まち」「学校」「子どもの権利条例」「子ども集会で出た意見」の五項目に分かれている。

学校の項目の「先生」では、授業中にたばこを吸うとか、ひいきの野球チームが負けた時は[illegible]が多い、生徒を見た目で決め付ける、生徒を指導できないような先生がいるなどという指摘がなされ、改善を求めている。「設備」面では、防犯設備の充実やクーラー、うさぎ小屋の整備、休日の体育館の開放などが挙げられた。

街の項目では、公園に人が住んでいて怖いので、そうした人が住める施設を造ってほしいという意見や、図書館および信号機の増設、新百合ケ丘駅周辺にからくり時計の設置を望む意見などが並んでいる。

メンバー十五人は提言書の提出に当たり、阿部市長と約一時間懇談。阿部市長は「意見の違いを提言としてまとめた皆さんの努力に意味があります。その困難を体験しただけでも大きな進歩だと思います」とメンバーをねぎらった。

阿部市長に提言書を手渡す子ども会議[illegible]の[illegible]さん

神奈川新聞社提供（複製禁止） ※紙面の一部を加工しています

子ども会議が初の意見提言書
神奈川新聞2004年3月27日付

前文や第2章に示した子どもの参加する権利の理念をうけて、第4章では子どもの権利としての参加の仕組みについて定めています。方法・実践としての意見表明・参加だけでなく、制度としての意見表明・参加に踏みこんでいるところが特徴的です。もちろんその場合も、子どもの自主的・自治的活動が重視されています。子どもの自主性を前提として、多様な形態で意見表明・参加の仕組みや条件整備を考えてきました。

第一に、市政への子ども参加、具体的には市長への意見提言権をもつ「川崎市子ども会義」があります。公募の子ども自身による運営で、調査をしたり、議論をしたりして市への意見提言を行ない、市はその提言を尊重する義務がある規定しています。ただし、最近は子どもの参加は低調で、縮小傾向・マンネリ化の傾向があり、その再構築が課題になっています。

第二に、学校への子ども参加の仕組みとして、「学校教育推進会議」が設置されています。これは、子ども・保護者・教職員・地域住民の四者により構成された学校運営組織です。もともと学校評議員制度と条例による子どもの参加とをミックスした制度です。最近は国がすすめる「コミュニティスクール」政策に押され気味です。そこでは子どもの参加がどこまで位置づけられていくかなどを見守りたいと思います。

なお、念のためにいっておきますが、山田雅太先生が校長をやった川崎市の最初の「コミュニティスクール」では、条例をふまえて子どもをちゃんと位置づけてやっていました。私が関わっている自治体の「コミュニティスクール」では、そのなかに子どもを位置づけるという意識はないところが多いです。本来、地域住民が支えている「コミュニティスクール」には子どもをちゃんと位置づけていないといけないはずです。なぜなら、学校の主人公は子どもであるからです。川崎市の場合は、学校教育推進会議を条例に基づいてつくり、あるいは「コミュニティスクール」でも山田先生のように子どもをちゃんと位置づけて、子どもを当事者の一人として位置づけることでやってきました。

第三に、こども文化センター（公設民営）に設置された「子ども運営会議」です。子ども文化センターは、子どもの活動拠点であり居場所です。

また、「子ども夢パーク」（総合的な子ども施設）も子どもの参加の拠点として重要な役割を果たしています。

子どもの意見表明・参加の実践的な課題としては、一つは、子どもの参加支援のためのサポーター養成の問題です。子どもの自主的な活動を下支えする子ども支援者の養成と研修が求められています。

二つには、子どもの意見表明・参加による「行動計画」策定・実施・検証も課題となっています。後に詳述しますが、子ども施策・計画の検証機関としての「子どもの権利委員会」が設置されています。

三つには、子どもの意見表明・参加の前提となる子どもの権利についての広報、研修、教育・学習などが重要です。

子どもの意見表明・参加を支えていくために

日本社会において、子ども自身が意見表明・参加をしても良いという意識が低いことや、そのスキルが低かったり、やり方が分からなかったりするという声にどう応えるか？日本社会（特に学校）におけるおとなと子どもとの「対等ではない関係」を自覚しつつ、「見せかけ」「飾り」「操り」の参加を乗り越えて、真の参加、子どもの権利としての参加を果たしていくための課題を考えていくべきです。そこでのいくつか課題を提示しておきます。

第一に、子どもには力がないという「能力論」、成熟に従った参加など「段階論」を越えていくことが実践的な課題となります。

第二には、おとな・教職員等の都合の良いときや場面にとどまらない子どもの参加、そこでは方法としての参加から権利としての参加への転換が課題となります。

第三には、子ども自身が使える制度・仕組みをつくることです。とくに決定過程にどこまで関われるか、が問われます。

第四には、子ども参加に欠かせない情報アクセス、おとな側の説明責任も問われます。

そのほか、子どもが安心して意見表明・参加ができる雰囲気、おとなの見守る姿勢、「待つ」支援も求められます。

6 子どもの相談・救済

子どもの権利に関する相談・救済は、川崎市の条例上の大きな課題の一つでした。条例では、子どもの権利問題について、条例第5章を軸としつつ「川崎市人権オンブズパーソン条例」に基づく子どもの相談・救済をしています。果たして、この制度が川崎の子どもにとって有効な制度として機能しているかどうか、皆さんに検討していただきたいと思います。

子どもオンブズから人権オンブズに

条例制定時においては、先に制度化されていた兵庫県川西市「子どもの人権オンブズパーソン条例」の内容を参考にしました。制定にあたっては、子ども固有の公的第三者機関（子どもオンブズ制度）の必要性・重要性なども強調されています。

傷ついても傷つけられても、何もしない、できない子どもたちや、自分自身の権利が侵害されても気がつかない子どもたちの存在がありました。子どもの権利侵害は基本的な人間関係のなかで生じることが多く、顕在化しにくいし、その傷つきは将来にわたって影響します。その救済・回復への支援はきわめて困難がともなうものでした。そこでは安心して生きるための社会のセーフティネット構築が求められていました。

とくに川崎市では、子どもの権利条例のなかに、すなわち総合条例のなかで子どもの相談・救済を位置づけようとしましたが、子どもの相談・救済とともに、「男女平等かわさき条例」に基づく男女平等にかかわる相談・救済も取り扱うことも要請されましたので、「人権オンブズパーソン」という形で設置することになりました。

子どもオンブズワークという視点と実際

川崎市では、従来から子どもの救済問題を全然取り扱わなかったわけでもなかったのですが、実際に傷ついている子どもたちにとって有効な救済に必ずしも結びついていなかった。だからこそ、子どもの声を聴くことが重要になるわけです。公的な第三者機関に対して子どもたちが「しんどい」「繋がりたい」と、SOSや意見を出していいことにしています。いじめは最終的にいじめと特定される必要があります。でも、この第三者機関では子どもがどういうことでもSOSを出すことができる仕組みを大切にしています。

子どもの権利は、子どもの成長に欠かせない人間関係、つまり親子の関係や保育士、教職員の関係のなかで問われます。親によるしつけ、教職員による教育・指導などの名目のもとで、子どもは傷ついたりする状況があります。

子どものときに受けた傷はずっと引きずる。なんであんなことで叱られなければいけなかったか、なんでそういうふうに傷ついたかなどです。
子ども自身が「助けて」とかSOSを出せる制度が基本的になかった。だからこそ、そういう子ども固有の制度をつくっていく必要があり、「子どもに寄り添う」「子どもの立場にたつ」救済制度が求められてきました。裁判官でも検察官でも弁護士でもない、「子どもの最善の利益」の代弁者が必要でした。
子どもオンブズは、「問題解決」の主体として子どもを受けとめて、子どもの意見表明・参加、エンパワメントなど大切な視点を基本にして活動します。そして、「対決」型、「告発」型の対応を越えて、相談、調査・勧告等の活動による「調整機能」を働かせて、子どもが立ち直り、成長していく関係づくりをすすめていく制度です。

子どもが安心してSOSを出せるには

子どもに最も良いことがなにかを考えて解決する制度であれば、傷つけられた子どもの現実から出発しないといけません。この子どものことを一番わかっていると親が言ったとしても、子ども自身の思いが聴けないと、そこでは活動できない。子どもが一番言いやすい、話しやすい場をつくって話を聴きます。自分のことでSOSを出し、自分自身も関わって問題解決していくことで子どものエンパワメント等もすすみます。自分の問題をなんらかの方法で自分も関わって解決をする、子どもをそういう位置づけにしています。
DVなど男女の場合は引き離すことが基本ですが、子どもの場合は、もう一回成長する環境をつくり直すことが重要です。だから、そういう場では子どもが育つ環境を調整することが必要です。例えば、学校で権利侵害している教師がいるとしたら、その教師を排除すればよいということではない。もう一度、その教師自身も権利侵害をしない教育活動に立ち戻るという視点を含め、子ども自身の成長する環境を整えることが大切です。
川崎市の場合、条例制定当時もオンブズの数をもっと増やしてほしいと要望していましたが、結局２人になりました。先ほども言いましたように、子どもの声や現実に応えているか、子どもにとって有効な制度になっているかなどを検証する必要があります。オンブズ（2人）もスタッフ（専門調査員4人）も、川崎市の人口規模や子どもの傷つき状況等からすると、少なすぎます。この制度を支えるには、さらなる条件整備、とくに人的整備が必要です。その場合、とくに費用対効果としても有効な制度ということをどこまで明確にできるかなどが問われます。

なお、視野を広げてすべての人の権利を守ろうとするならば、子ども、女性、障がいのある人びと、多様な文化的背景を持つ人などの権利に対応するオンブズを総合的に行なうスーパーオンブズで相談・救済制度をつくることはあり得る選択の一つであるとは思います。

制度をより活かした活動にするために

川崎市では、このオンブズ制度を活かして、子どもからのアクセス保障を促進することが求められています。「子どもあんしんダイヤル」（子ども専用）の設置などがあり、そこでは、相談カード・保護者チラシの配布、人権オンブズパーソン通信の発行、ポスター掲示などがなされています。また、「人権オンブズパーソン子ども教室」など広報に取り組んでいます。

しかし、この制度の認知度が低すぎます（小学生「知っている」19.3%、中学生25%、高校生27.3%）。この制度を「知る」、「理解する」、「使う」ことの間のハードルをどう越えるか？メール等の子どもがアクセスしやすい手だてや状況をどうつくるか？なども課題になっています。

また、子どもの相談・救済のためのネットワークづくりの強化を図る必要があります。各機関それぞれの特徴と機能を活かしつつ、既存の子ども相談・救済機関や市民社会等との効果的な連携をすすめるためにはどうしたら良いかということも課題のままです。

さらに、公的な第三者機関についての理解の進展が図られることが求められています。子どもオンブズ制度が学校にとって持つ意味は何か？「学校的」な解決のなかで、子どもオンブズによる解決についての理解などもまだまだすすんでいません。

くわえて、オンブズの活動についての「市民的検証」も重要です。市民、とりわけ子どもに“わかる”ように「報告書」のいっそうの改善を図ること、「報告会」の開催なども必要でしょう。

7 総合的な施策の推進

日本における子ども施策の「課題」の克服に向けて

日本の子ども施策は、少子化対策・子育て支援の施策・事業が大部分であり、今を生き、社会の構成員である子どもの育ちを支援するという子ども支援の視点と内容が乏しいといえます。子育て支援事業に子ども支援の視点とその施策の拡大が必要です。

また、子ども施策は、教育・福祉・医療等の「縦割り」および子どもの年齢等による「世代割り」行政が問題化してきました。「世代割り行政」については、出産前後＝母子保健、乳幼児＝児童福祉、学齢期＝教育、（そこから外れたりすることを含む）青年期＝青少年対策等に分けられており、その継続的な支援が課題となっています。現在では、子ども施策と若者施策との連動の必要性が言われるようになりました。少なくとも若者期の施策を見通しながら子ども期の施策を構築する必要があります。

子どもの権利に関する意識・実態調査の取り組み

子ども施策を策定するうえでよく取り組まれている、実態・意識調査やヒアリングの項目等の実施要領や分析などについては、川崎市の場合は条例で設置されている「子どもの権利委員会」で議論し、決定されてきました。

経年調査を実施し、報告書（2005年、2008年、2012年、2015年、2018年等）を作成し、公表しています。調査対象として、子ども（満11～17歳）、おとな（満18歳以上）、そして職員（市立施設・学校等）をあげ、意識のズレ等も比較できるようにしています（子どもとおとなは無作為の抽出調査）。また、アンケート調査では十分に把握できない、個別の支援を必要とする子どもの権利保障に関する実態や意識を把握することを目的にして、ヒアリング調査を実施してきました。

これらの実態･意識調査等をすることで、子どもの実態をちゃんと把握して、施策化・計画化しようとしているところが重要です。川崎では、少なくとも子どもの権利委員会が行政と共に議論をし、調査分析をしています。しかも、3年毎に調査しています。経年で調査をすることは、どういうふうに意識や実態が移り変わっていることが分かります。しかも、子どもとおとなや職員にも同じような項目があって調査していますので、子どもとおとなと職員の意識のズレ等が分かります。アンケート調査だけでは実態・意識調査は不十分ですのでヒアリング調査もしています。実際にその場に出かけて行き、直接聴いたり調査をしたりしていることも重要です。

このような実態・意識調査は、川崎市が誇ってもいい取り組みだと思います。ただし、この調査結果が行政施策に十分活かされているかについては疑問もあります。せっかくの経年調査でちゃんと分析していることを行政によって活かされているか？まったく活かされていないとは言わないけれど、本格的に活かされているとは言えない現状ではないでしょうか。

「子どもの権利担当」の設置と役割

子ども施策の推進という点では、子ども行政の担当部署として、「子どもの権利担当」が設置されました。関連部署で構成される「子どもの権利施策推進部会」も設置されました。そこでは、条例の実施に向けた行政間の調整・推進、情報の共有がめざされており、施策の調整をどう実質的にしていくかが問われています。

実際に、子ども関連部局で調整することが必要です。そういう意味で庁内に「子どもの権利担当」を置き、この部署が最終的に子ども施策の実施というところにすべての責任を負わないとしても、調整をちゃんとしていることは重要です。

ただし、情報が少なくとも関係部署で共有されているか、実際の調整ができているかは問われています。例えば、いじめの数やその実態、いじめを生み出す原因分析の結果などについて教育委員会はつかんでいても、福祉部門等どこまで行政間で共有されているのでしょうか？一般に、実態を知っている部署はその情報を他の部署となかなか共有しない傾向があります。だから、なかなか調整がされず、十分な連携・協働ができないという現実があります。川崎市では、子どもの権利の観点から条例に基づいて「子どもの権利担当」がその橋渡し役となることが予定され、期待もされています。

「行動計画」の策定と位置

子どもの権利に関する行動計画については、基本的にはどのように総合条例を実施するか？子どもの実態をちゃんとふまえ、子ども施策を検証することなどを通じて総合的な計画を立てることに意味があります。

ただ、川崎市のなかでも子どもに関わる計画はたくさんあります。そのなかには法律に基づいて策定しなければならない計画、例えば子ども・子ども育ての計画や地域の福祉計画などもあります。そういう計画と条例に基づく子どもの権利を推進する行動計画がどういう関係となるのか？川崎市の計画や子どもに関する計画は全部図式されていますが、それらがいかに関係し、連携・協働するような計画になっているかなどを検討していく必要があります。とくに福祉と教育の連携がどうなっているのか、教育計画のなかにこの条例がどこまで位置づいているかなどを検証していかなければなりません。

条例第6章に規定されている、子どもの権利に関する行動計画は3年ごとに策定されてきました。それらは以下の通りです。

・第1次 2005年～2007年
・第2次 2008年～2010年
・第3次 2011年～2013年
・第4次 2014年～2016年
・第5次 2017年～2019年

これらの計画について、時間の都合からいちいち説明しませんが、子どもの権利保障、条例の実施に向けた「総合的な」計画になっています。アンケートやヒアリングの調査等から見える現状、およびこれまでの施策や取り組みの「成果」をふまえ、「子どもの権利委員会」による検証に基づいて策定してきています。そのなかで、他のさまざまな計画（とくに法律に基づく計画）との関係・位置づけや効果的な連携をどうするかが引き続き課題になっています。

8 川崎市子どもの権利委員会の設置と役割

PDCA「事業評価」を越えた「検証」機関を

子どもの権利条例に基づき、子ども施策を子どもの権利の視点から検証する機関として「川崎市子どもの権利委員会」が設置されています（条例第38条）。委員は、10人の「人権、教育、福祉等の子どもの権利にかかわる分野において学識経験のある者」および公募の市民から構成されており、任期は3年です。自治体の基本的な仕組みとしては、計画をつくり、それに事業を連動して落とし込む。その事業がどこまでやれているか、事業評価をする。これらをPDCAのマネージメントサイクルでやっています。すなわち、PDCA＝計画（Plan）→実施（Do）→評価（Check）→見直し・実行（Action）という進行管理・施策評価システムを取り入れています。

このような事業評価・施策評価は、厳しい財政状況のなかでお金・人・物をいかに削減するかを主目的にして、費用対効果、効率性、有効性などを数値ではかることが一般的です。また、計画がPDCAに合う（事業評価しやすい）ものに流れやすくなります。

しかし、そのような方法のみでは権利保障に関する評価としては十分ではなく、また権利保障を後退させる結果をもたらすことすらあるといってよいでしょう。子ども施策の多くは権利保障にかかわるので、評価の視点や方法に権利を含めることが重要であり、その効果として予算や人の効率化、事業の改善、説明責任の向上、職員の意識改革などにとどまらず、子どもの権利保障にどこまで貢献したかという視点を位置づけることが不可欠です。そして、事業・施策の多くは権利保障にかかわるので、評価の視点や方法に権利を含めることが重要になっています。

このようにPDCAのマネージメントサイクルを少しでも超えたいと思って、市民参加・子ども参加を含めた検証機関にこだわりました。というのも、評価となると、一定の基準があって、その基準にあっているかどうかが主になります。検証というのは、現場に、子どもたちにどういうふうに届いているかがメインになります。自分たちが高みにいて評価をしていくのではなく、市民や子どもの皆さんと「建設的な対話」をしながら、なによりもどこまで子ども施策がやれたかを確認します。川崎市もそうですが、行政の人は一般に謙虚です。やればやるほど課題が見えてきますから、これが出来ていないと言います。でも、やれているところをまず確認し、その上で、課題を見つけていくことが重要です。

川崎市子どもの権利委員会による検証とは

繰り返しますが、「川崎市子どもの権利委員会」は、第三者としての「評価」機関ではなく、子どもに関する施策を子どもの権利の視点から「検証」する機関です。子どもの権利条例のもとでの「検証」とは、①子どもの権利に関する実態・意識調査等を通じて子どもの権利状況を把握し、②（子どもの権利委員会が提示する視点や項目に従って）行政の自己評価に基づき行政や市民等と対話を行ない、③子ども施策や条例の実施状況等について検証し、④それらの結果をふまえ、子ども施策の進展にむけた提言を行なう、一連の活動です（条例第39条）。もちろん、⑤その結果は公表するし、市からどのように施策を改善するかなど「講じた措置」をとらなければなりません（条例第40条）。

川崎市の子どもの権利委員会は、子どもにかかわる個別の問題事例や事件の背景にある施策の現状や課題について、行政の自己評価や「建設的対話」等を通じて検証し、提言を行なうのです。この検証のプロセスを貫くものは子どもの権利という視点です。基準となる子どもの権利は、国連・子どもの権利条約と川崎市子どもの権利条例に基づくことになります。

これまで検証をすすめてきたテーマは以下の通りです。上述したように、これらの検証に基づいて、川崎市の子どもの行動計画を総合的につくっていくという仕組みです。

・第1期2002年～子どもの意見表明・参加
・第2期2005年～子どもの居場所・活動の場づくり
・第3期2008年～子どもの相談・救済
・第4期2011年～子どもの権利・条例に関する広報・啓発・教育
・第5期2014年～子どもの成長に応じた育ちの支援
・第6期2017年～子どもに対する支援の協働・連携

この検証のプロセスでは、子どもをはじめとする市民参加が重視されます。子どもは、行政からすると、もっぱら施策の対象と位置づけられますが、国連・子どもの権利条約や川崎市子どもの権利条例で示されているように権利の主体です。子どもは権利を具体的に享有し行使できるという視点から、それらの子どもの権利がどこまで保障されているのかについて、行政の自己評価のみならず子どもをはじめとする市民の評価も含めて検証することが求められています。

子どもの権利条例が子どもをはじめとする市民参加のもとで丁寧につくりあげられ、議会でも全会一致で成立したにもかかわらず、子どもの権利および子どもの権利条例についての理解は、行政においても市民においてもけっして十分とはいえません。このようななかで、子どもの権利委員会の行なった実態・意識調査、委員会と行政等との対話、市民参加、あるいは子どもの権利委員会での審議自体が、子どもの権利や子どもの権利条例についての理解・啓発の役割を果たすことも求められています。

9 子どもの居場所と子ども支援 —西野博之さん・荘保共子さんのこと

最後に、わたしの敬愛する2人の言葉を紹介します。

川崎市子ども夢パーク所長の西野博之さんが居場所の持つ力で指摘する諸点－子どもはなかなか言葉にして助けを求めることができない状況、あるいは時と場所を選ばない相談や特定の聴き手をつくらない相談などは子どもの思いや声を受けとめる際にふまえておかなければならない点です。また、面倒くさいことを手放さず、子どもとかかわり続ける「覚悟」、子どもの「怒り」

の感情を理解すること、「正しさ」にこだわりすぎないこと、スタッフ自身の「怒り」をコントロールできるようにすることやそのための環境・場を用意することなどは、子ども支援にかかわる人たちやその条件整備にも必須のことがらです。

また、全国的に注目されている子ども支援の取り組みの多くは、目の前の子どもの「生きる」こと自体に向き合い、その子どもの「安心」と「最善の利益」を一つひとつ考え応えていくことから生まれています。大阪・釜ヶ崎で子どもの居場所「こどもの里」を営む荘保共子さんは、子どもたちの生き様から、子どもの持つ力を教えられたといい、問題解決力・自己治癒力・感じる力・個性の力・人と繋がろうとする力・親を慕う力・レジリアンシー（跳ね返す力）等は輝く子どもの「内なる生きる力」、この子どもたちが持つ力を受け止め、信じるおとながいて、寄り添うことで、子どもたちは「生きるしんどさ」を乗り越えていくことができる、といいます。さらに、子どもの力を支える条件として、「意味ある他者との出会い」「ありのままの自分を受け入れてくれる場､安心できる場があること」「子どもを支えるシステム（制度)」の３つをあげています。

これらの指摘は、条例を効果的に実施していくうえで念頭に置かれるべきものです。

おわりに ―子どもの権利条例に基づく施策の成果を広げる

今日、いじめや虐待問題などを背景として、また子どもの権利を尊重する条例の制定と実施が他の自治体各地で取り組まれ始めています。そのことも意識して、子どもの権利条例があることによって、「子どもや市民にとってこれだけ『良い』ことがある」「行政施策も効果的に推進できる」というような条例や行動計画とその検証に基づく施策・事業の効果・成果を具体的に確認・アピールし、市民とも共有していくことが必要です。そして、それらのことを他の自治体にも知らせていくことは、他の自治体と連携して子ども施策を推進するためにも求められます。

参考文献 ―さらに検討をすすめるために―

・子どもの権利条約総合研究所『川崎発　子どもの権利条例』(エイデル研究所)
・喜多明人・荒牧重人・森田明美・内田塔子『子どもにやさしいまちづくり　第1集、第2集』(日本評論社)
・荒牧重人・喜多明人・半田勝久『解説　子ども条例』(三省堂)
・荒牧重人・吉永省三・半田勝久『子どもの相談・救済と子ども支援』(日本評論社)
・子どもの権利条約 NGO レポート連絡会議『子どもの権利条約から見た日本の課題』(アドバンテージサーバー)
・子どもの権利条約総合研究所『子どもの権利研究』(日本評論社、現在 31 号まで)
・川崎市のホームページなど

資料1　川崎市子どもの権利に関する条例

2000年（平成12年）12月21日
川崎市条例第72号
最近改正　2005年（平成17年）3月24日

目次

前文

子どもは，それぞれが一人の人間である。子どもは，かけがえのない価値と尊厳を持っており，個性や他の者との違いが認められ，自分が自分であることを大切にされたいと願っている。

子どもは，権利の全面的な主体である。子どもは，子どもの最善の利益の確保，差別の禁止，子どもの意見の尊重などの国際的な原則の下で，その権利を総合的に，かつ，現実に保障される。子どもにとって権利は，人間としての尊厳をもって，自分を自分として実現し，自分らしく生きていく上で不可欠なものである。

子どもは，その権利が保障される中で，豊かな子ども時代を過ごすことができる。子どもの権利について学習することや実際に行使することなどを通して，子どもは，権利の認識を深め，権利を実現する力，他の者の権利を尊重する力や責任などを身に付けることができる。また，自分の権利が尊重され，保障されるためには，同じように他の者の権利が尊重され，保障されなければならず，それぞれの権利が相互に尊重されることが不可欠である。

子どもは，大人とともに社会を構成するパートナーである。子どもは，現在の社会の一員として，また，未来の社会の担い手として，社会の在り方や形成にかかわる固有の役割があるとともに，そこに参加する権利がある。そのためにも社会は，子どもに開かれる。

子どもは，同時代を生きる地球市民として国内外の子どもと相互の理解と交流を深め，共生と平和を願い，自然を守り，都市のより良い環境を創造することに欠かせない役割を持っている。

市における子どもの権利を保障する取組は，市に生活するすべての人々の共生を進め，その権利の保障につながる。私たちは，子ども最優先などの国際的な原則も踏まえ，それぞれの子どもが一人の人間として生きていく上で必要な権利が保障されるよう努める。

私たちは，こうした考えの下，平成元年１１月２０日に国際連合総会で採択された「児童の権利に関する条約」の理念に基づき，子どもの権利の保障を進めることを宣言し，この条例を制定する。

第１章　総則

（目的）

第１条　この条例は，子どもの権利に係る市等の責務，人間としての大切な子どもの権利，家庭，育ち・学ぶ施設及び地域における子どもの権利の保障等について定めることにより，子どもの権利の保障を図ることを目的とする。

（定義）

第２条　この条例において，次の各号に掲げる用語の意義は，それぞれ当該各号に定めるところによる。

（１）　子ども　市民をはじめとする市に関係のある１８歳未満の者その他これらの者と等しく権利を認めることが適当と認められる者

（２）　育ち・学ぶ施設　児童福祉法（昭和２２年法律第１６４号）に規定する児童福祉施設，学校教育法（昭和２２年法律第２６号）に規定する学校，専修学校，各種学校その他の施設のうち，子どもが育ち，学ぶために入所し，通所し，又は通学する施設

（３）　親に代わる保護者　児童福祉法に規定する里親その他の親に代わり子どもを養育する者

（責務）

第３条　市は，子どもの権利を尊重し，あらゆる施策を通じてその保障に努めるものとする。

２　市民は，子どもの権利の保障に努めるべき場において，その権利が保障されるよう市との協働に努めなければならない。

３　育ち・学ぶ施設の設置者，管理者及び職員（以下「施設関係者」という。）のうち，市以外の施設関係者は，市の施策に協力するよう努めるとともに，その育ち・学ぶ施設における子どもの権利が保障されるよう努めなければならない。

４　事業者は，雇用される市民が養育する子ども及び雇用される子どもの権利の保障について市の施策に協力するよう努めなければならない。

（国等への要請）

第４条　市は，子どもの権利が広く保障されるよう国，他の公共団体等に対し協力を要請し，市外においてもその権利が保障されるよう働きかけを行うものとする。

（かわさき子どもの権利の日）

第５条　市民の間に広く子どもの権利についての関心と理解を深めるため，かわさき子どもの権利の日を設ける。

２　かわさき子どもの権利の日は，１１月２０日とする。

３　市は，かわさき子どもの権利の日の趣旨にふさわしい事業を実施し，広く市民の参加を求めるものとする。

（広報）

第６条　市は，子どもの権利に対する市民の理解を深めるため，その広報に努めるものとする。

（学習等への支援等）

第７条　市は，家庭教育，学校教育及び社会教育の中で，子どもの権利についての学習等が推進され

るよう必要な条件の整備に努めるものとする。

2　市は，施設関係者及び医師，保健師等の子どもの権利の保障に職務上関係のある者に対し，子どもの権利についての理解がより深まるよう研修の機会を提供するものとする。

3　市は，子どもによる子どもの権利についての自主的な学習等の取組に対し，必要な支援に努めるものとする。

（市民活動への支援）

第8条　市は，子どもの権利の保障に努める市民の活動に対し，その支援に努めるとともに，子どもの権利の保障に努める活動を行うものとの連携を図るものとする。

第2章　人間としての大切な子どもの権利

（子どもの大切な権利）

第9条　この章に規定する権利は，子どもにとって，人間として育ち，学び，生活をしていく上でとりわけ大切なものとして保障されなければならない。

（安心して生きる権利）

第10条　子どもは，安心して生きることができる。そのためには，主として次に掲げる権利が保障されなければならない。

（1）命が守られ，尊重されること。

（2）愛情と理解をもって育(はぐく)まれること。

（3）あらゆる形態の差別を受けないこと。

（4）あらゆる形の暴力を受けず，又は放置されないこと。

（5）健康に配慮がなされ，適切な医療が提供され，及び成長にふさわしい生活ができること。

（6）平和と安全な環境の下で生活ができること。

（ありのままの自分でいる権利）

第11条　子どもは，ありのままの自分でいることができる。そのためには，主として次に掲げる権利が保障されなければならない。

（1）個性や他の者との違いが認められ，人格が尊重されること。

（2）自分の考えや信仰を持つこと。

（3）秘密が侵されないこと。

（4）自分に関する情報が不当に収集され，又は利用されないこと。

（5）子どもであることをもって不当な取扱いを受けないこと。

（6）安心できる場所で自分を休ませ，及び余暇を持つこと。

（自分を守り，守られる権利）

第12条　子どもは，自分を守り，又は自分が守られることができる。そのためには，主として次に掲げる権利が保障されなければならない。

（1）あらゆる権利の侵害から逃れられること。

（2）自分が育つことを妨げる状況から保護されること。

（3）状況に応じた適切な相談の機会が，相談にふさわしい雰囲気の中で確保されること。

（4）自分の将来に影響を及ぼすことについて他の者が決めるときに，自分の意見を述べるのにふさわしい雰囲気の中で表明し，その意見が尊重されること。

（5）自分を回復するに当たり，その回復に適切でふさわしい雰囲気の場が与えられること。

（自分を豊かにし，力づけられる権利）

第13条　子どもは，その育ちに応じて自分を豊かにし，力づけられることができる。そのためには，主として次に掲げる権利が保障されなければならない。
（1）遊ぶこと。
（2）学ぶこと。
（3）文化芸術活動に参加すること。
（4）役立つ情報を得ること。
（5）幸福を追求すること。

（自分で決める権利）

第14条　子どもは，自分に関することを自分で決めることができる。そのためには，主として次に掲げる権利が保障されなければならない。
（1）自分に関することを年齢と成熟に応じて決めること。
（2）自分に関することを決めるときに，適切な支援及び助言が受けられること。
（3）自分に関することを決めるために必要な情報が得られること。

（参加する権利）

第15条　子どもは，参加することができる。そのためには，主として次に掲げる権利が保障されなければならない。
（1）自分を表現すること。
（2）自分の意見を表明し，その意見が尊重されること。
（3）仲間をつくり，仲間と集うこと。
（4）参加に際し，適切な支援が受けられること。

（個別の必要に応じて支援を受ける権利）

第16条　子どもは，その置かれた状況に応じ，子どもにとって必要な支援を受けることができる。そのためには，主として次に掲げる権利が保障されなければならない。
（1）子ども又はその家族の国籍，民族，性別，言語，宗教，出身，財産，障害その他の置かれている状況を原因又は理由とした差別及び不利益を受けないこと。
（2）前号の置かれている状況の違いが認められ，尊重される中で共生できること。
（3）障害のある子どもが，尊厳を持ち，自立し，かつ，社会への積極的な参加が図られること。
（4）国籍，民族，言語等において少数の立場の子どもが，自分の文化等を享受し，学習し，又は表現することが尊重されること。
（5）子どもが置かれている状況に応じ，子どもに必要な情報の入手の方法，意見の表明の方法，参加の手法等に工夫及び配慮がなされること。

第3章　家庭，育ち・学ぶ施設及び地域における子どもの権利の保障

第1節　家庭における子どもの権利の保障

（親等による子どもの権利の保障）

第17条　親又は親に代わる保護者（以下「親等」という。）は，その養育する子どもの権利の保障に努めるべき第一義的な責任者である。
2　親等は，その養育する子どもが権利を行使する際に子どもの最善の利益を確保するため，子どもの年齢と成熟に応じた支援に努めなければならない。
3　親等は，子どもの最善の利益と一致する限りにおいて，その養育する子どもに代わり，その権利を行使するよう努めなければならない。
4　親等は，育ち・学ぶ施設及び保健，医療，児童福祉等の関係機関からその子どもの養育に必要な説明を受けることができる。この場合において，子ども本人の情報を得ようとするときは，子ども

の最善の利益を損なわない限りにおいて行うよう努めなければならない。

（養育の支援）

第18条　親等は，その子どもの養育に当たって市から支援を受けることができる。

2　市は，親等がその子どもの養育に困難な状況にある場合は，その状況について特に配慮した支援に努めるものとする。

3　事業者は，雇用される市民が安心してその子どもを養育できるよう配慮しなければならない。

（虐待及び体罰の禁止）

第19条　親等は，その養育する子どもに対して，虐待及び体罰を行ってはならない。

（虐待からの救済及びその回復）

第20条　市は，虐待を受けた子どもに対する迅速かつ適切な救済及びその回復に努めるものとする。

2　前項の救済及びその回復に当たっては，二次的被害が生じないようその子どもの心身の状況に特に配慮しなければならない。

3　市は，虐待の早期発見及び虐待を受けた子どもの迅速かつ適切な救済及びその回復のため，関係団体等との連携を図り，その支援に努めるものとする。

第2節　育ち・学ぶ施設における子どもの権利の保障

（育ち・学ぶ環境の整備等）

第21条　育ち・学ぶ施設の設置者及び管理者（以下「施設設置管理者」という。）は，その子どもの権利の保障が図られるよう育ち・学ぶ施設において子どもが自ら育ち，学べる環境の整備に努めなければならない。

2　前項の環境の整備に当たっては，その子どもの親等その他地域の住民との連携を図るとともに，育ち・学ぶ施設の職員の主体的な取組を通して行われるよう努めなければならない。

（安全管理体制の整備等）

第22条　施設設置管理者は，育ち・学ぶ施設の活動における子どもの安全を確保するため，災害の発生の防止に努めるとともに，災害が発生した場合にあっても被害の拡大を防げるよう関係機関，親等その他地域の住民との連携を図り，安全管理の体制の整備及びその維持に努めなければならない。

2　施設設置管理者は，その子どもの自主的な活動が安全の下で保障されるようその施設及び設備の整備等に配慮しなければならない。

（虐待及び体罰の禁止等）

第23条　施設関係者は，その子どもに対し，虐待及び体罰を行ってはならない。

2　施設設置管理者は，その職員に対し，子どもに対する虐待及び体罰の防止に関する研修等の実施に努めなければならない。

3　施設設置管理者は，子どもに対する虐待及び体罰に関する相談をその子どもが安心して行うことができる育ち・学ぶ施設における仕組みを整えるよう努めなければならない。

4　施設関係者は，虐待及び体罰に関する子どもの相談を受けたときは，子どもの最善の利益を考慮し，その相談の解決に必要な者，関係機関等と連携し，子どもの救済及びその回復に努めなければならない。

（いじめの防止等）

第24条　施設関係者は，いじめの防止に努めなければならない。

2　施設関係者は，いじめの防止を図るため，その子どもに対し，子どもの権利が理解されるよう啓発に努めなければならない。

3　施設設置管理者は，その職員に対し，いじめの防止に関する研修等の実施に努めなければならない。

4　施設設置管理者は，いじめに関する相談をその子どもが安心して行うことができる育ち・学ぶ施設における仕組みを整えるよう努めなければならない。

5　施設関係者は，いじめに関する子どもの相談を受けたときは，子どもの最善の利益を考慮し，その相談の解決に必要な者，関係機関等と連携し，子どもの救済及びその回復に努めなければならない。この場合において，施設関係者は，いじめを行った子どもに対しても必要な配慮を行った上で適切な対応を行うよう努めなければならない。

（子ども本人に関する文書等）

第25条　育ち・学ぶ施設における子ども本人に関する文書は，適切に管理され，及び保管されなければならない。

2　前項の文書のうち子どもの利害に影響するものにあっては，その作成に当たり，子ども本人又はその親等の意見を求める等の公正な文書の作成に対する配慮がなされなければならない。

3　育ち・学ぶ施設においては，その目的の範囲を超えてその子ども本人に関する情報が収集され，又は保管されてはならない。

4　前項の情報は，育ち・学ぶ施設のその目的の範囲を超えて利用され，又は外部に提供されてはならない。

5　第1項の文書及び第3項の情報に関しては，子どもの最善の利益を損なわない限りにおいてその子ども本人に提示され，又は提供されるよう文書及び情報の管理等に関する事務が行われなければならない。

6　育ち・学ぶ施設において子どもに対する不利益な処分等が行われる場合には，その処分等を決める前に，その子ども本人から事情，意見等を聴く場を設ける等の配慮がなされなければならない。

第3節　地域における子どもの権利の保障

（子どもの育ちの場等としての地域）

第26条　地域は，子どもの育ちの場であり，家庭，育ち・学ぶ施設，文化，スポーツ施設等と一体となってその人間関係を豊かなものとする場であることを考慮し，市は，地域において子どもの権利の保障が図られるよう子どもの活動が安全の下で行うことができる子育て及び教育環境の向上を目指したまちづくりに努めるものとする。

2　市は，地域において，子ども，その親等，施設関係者その他住民がそれぞれ主体となって，地域における子育て及び教育環境に係る協議その他の活動を行う組織の整備並びにその活動に対し支援に努めるものとする。

（子どもの居場所）

第27条　子どもには，ありのままの自分でいること，休息して自分を取り戻すこと，自由に遊び，若しくは活動すること又は安心して人間関係をつくり合うことができる場所（以下「居場所」という。）が大切であることを考慮し，市は，居場所についての考え方の普及並びに居場所の確保及びその存続に努めるものとする。

2　市は，子どもに対する居場所の提供等の自主的な活動を行う市民及び関係団体との連携を図り，その支援に努めるものとする。

（地域における子どもの活動）

第28条　地域における子どもの活動が子どもにとって豊かな人間関係の中で育つために大切である

ことを考慮し，市は，地域における子どもの自治的な活動を奨励するとともにその支援に努めるものとする。

第４章　子どもの参加

（子どもの参加の促進）

第29条　市は，子どもが市政等について市民として意見を表明する機会，育ち・学ぶ施設その他活動の拠点となる場でその運営等について構成員として意見を表明する機会又は地域における文化・スポーツ活動に参加する機会を諸施策において保障することが大切であることを考慮して，子どもの参加を促進し，又はその方策の普及に努めるものとする。

（子ども会議）

第30条　市長は，市政について，子どもの意見を求めるため，川崎市子ども会議（以下「子ども会議」という。）を開催する。

２　子ども会議は，子どもの自主的及び自発的な取組により運営されるものとする。

３　子ども会議は，その主体である子どもが定める方法により，子どもの総意としての意見等をまとめ，市長に提出することができる。

４　市長その他の執行機関は，前項の規定により提出された意見等を尊重するものとする。

５　市長その他の執行機関は，子ども会議にあらゆる子どもの参加が促進され，その会議が円滑に運営されるよう必要な支援を行うものとする。

（参加活動の拠点づくり）

第31条　市は，子どもの自主的及び自発的な参加活動を支援するため，子どもが子どもだけで自由に安心して集うことができる拠点づくりに努めるものとする。

（自治的活動の奨励）

第32条　施設設置管理者は，その構成員としての子どもの自治的な活動を奨励し，支援するよう努めなければならない。

２　前項の自治的な活動による子どもの意見等については，育ち・学ぶ施設の運営について配慮されるよう努めなければならない。

（より開かれた育ち・学ぶ施設）

第33条　施設設置管理者は，子ども，その親等その他地域の住民にとってより開かれた育ち・学ぶ施設を目指すため，それらの者に育ち・学ぶ施設における運営等の説明等を行い，それらの者及び育ち・学ぶ施設の職員とともに育ち・学ぶ施設を支え合うため，定期的に話し合う場を設けるよう努めなければならない。

（市の施設の設置及び運営に関する子どもの意見）

第34条　市は，子どもの利用を目的とした市の施設の設置及び運営に関し，子どもの参加の方法等について配慮し，子どもの意見を聴くよう努めるものとする。

第５章　相談及び救済

（相談及び救済）

第35条　子どもは，川崎市人権オンブズパーソンに対し，権利の侵害について相談し，又は権利の侵害からの救済を求めることができる。

２　市は，川崎市人権オンブズパーソンによるもののほか，子どもの権利の侵害に関する相談又は救済については，関係機関，関係団体等との連携を図るとともに子ども及びその権利の侵害の特性に配慮した対応に努めるものとする。

第6章　子どもの権利に関する行動計画

（行動計画）

第36条　市は，子どもに関する施策の推進に際し子どもの権利の保障が総合的かつ計画的に図られるための川崎市子どもの権利に関する行動計画（以下「行動計画」という。）を策定するものとする。

2　市長その他の執行機関は，行動計画を策定するに当たっては，市民及び第３８条に規定する川崎市子どもの権利委員会の意見を聴くものとする。

（子どもに関する施策の推進）

第37条　市の子どもに関する施策は，子どもの権利の保障に資するため，次に掲げる事項に配慮し，推進しなければならない。

（1）子どもの最善の利益に基づくものであること。

（2）教育，福祉，医療等との連携及び調整が図られた総合的かつ計画的なものであること。

（3）親等，施設関係者その他市民との連携を通して一人一人の子どもを支援するものであること。

第7章　子どもの権利の保障状況の検証

（権利委員会）

第38条　子どもに関する施策の充実を図り，子どもの権利の保障を推進するため，川崎市子どもの権利委員会（以下「権利委員会」という。）を置く。

2　権利委員会は，第３６条第２項に定めるもののほか，市長その他の執行機関の諮問に応じて，子どもに関する施策における子どもの権利の保障の状況について調査審議する。

3　権利委員会は，委員１０人以内で組織する。

4　委員は，人権，教育，福祉等の子どもの権利にかかわる分野において学識経験のある者及び市民のうちから，市長が委嘱する。

5　委員の任期は，3年とする。ただし，補欠の委員の任期は，前任者の残任期間とする。

6　委員は，再任されることができる。

7　第4項の委員のほか，特別の事項を調査審議させるため必要があるときは，権利委員会に臨時委員を置くことができる。

8　委員及び臨時委員は，職務上知ることができた秘密を漏らしてはならない。その職を退いた後も同様とする。

9　前各項に定めるもののほか，権利委員会の組織及び運営に関し必要な事項は，市長が定める。

（検証）

第39条　権利委員会は，前条第2項の諮問があったときは，市長その他の執行機関に対し，その諮問に係る施策について評価等を行うべき事項について提示するものとする。

2　市長その他の執行機関は，前項の規定により権利委員会から提示のあった事項について評価等を行い，その結果を権利委員会に報告するものとする。

3　権利委員会は，前項の報告を受けたときは，市民の意見を求めるものとする。

4　権利委員会は，前項の規定により意見を求めるに当たっては，子どもの意見が得られるようその方法等に配慮しなければならない。

5　権利委員会は，第2項の報告及び第3項の意見を総合的に勘案して，子どもの権利の保障の状況について調査審議するものとする。

6　権利委員会は，前項の調査審議により得た検証の結果を市長その他の執行機関に答申するものとする。

（答申に対する措置等）

第40条　市長その他の執行機関は，権利委員会からの答申を尊重し，必要な措置を講ずるものとする。

2　市長は，前条の規定による答申及び前項の規定により講じた措置について公表するものとする。

第8章　雑則

（委任）

第41条　この条例の施行に関し必要な事項は，市長その他の執行機関が定める。

附　則

（施行期日）

1　この条例は，平成１３年４月１日から施行する。

（権利侵害からの救済等のための体制整備）

2　市は，子どもに対する権利侵害の事実が顕在化しにくく認識されにくいことと併せ，子どもの心身に将来にわたる深刻な影響を及ぼすことを考慮し，子どもが安心して相談し，救済を求めることができるようにするとともに，虐待等の予防，権利侵害からの救済及び回復等を図ることを目的とした新たな体制を早急に整備する。

附則　（平成13年6月29日条例第15号）

この条例の施行期日は，市長が定める。

(平成14年3月29日規則第33号で平成14年5月1日から施行)

附則　（平成14年3月28日条例第7号）　抄

（施行期日）

1　この条例は，公布の日から施行する。

附則　（平成17年3月24日条例第7号）　抄

この条例は，公布の日から施行する。

資料2　かわさき子どもの権利フォーラム設立趣意書

2017年8月20日　呼びかけ人一同
設立呼びかけ人
●代　表　山田　雅太　●事務局　圓谷　雪絵
●呼びかけ人（設立委員　アイウエオ順）

荒牧　重人	内田　塔子	小倉　敬子	喜多　明人
キム・ヒスク	小宮山健治	高梨　晃宏	西野　博之
野村　武司	朴　栄　子	宮越　隆夫	山崎　信喜

1　会の名称

かわさき子どもの権利フォーラム
(Kawasaki Forum on the Rights of the Child)
～ちがいが豊かさとしてひびきあう「まち」をめざして～

2　本会設立の背景と趣旨

川崎市には、子どもの「人権」や「多文化共生」という理念を大切にしようとしてきた大きな流れがあります。もちろん、その背景には、子どもが差別を受けてきたという事実や体罰やいじめで大切な子どもを失ってきたという悲しい歴史があります。今回、「かわさき子ども権利フォーラム」を設立するに当たり、川崎市の人権教育の歩みを少し紹介しておきたいと思います。

川崎市の教育が大きく動くのは、1980年(昭和55年)に旧高津区で起こった「金属バット殺人事件」です。この事件を機に、行政職員、地域住民、保護者、教職員で「子どもの教育」を考えようと「地域教育会議」が立ち上がってきます。

また、川崎市は、在日韓国・朝鮮人の多住地域がある都市でもあります。川崎市の人権教育は、在日韓国朝鮮人の人権問題から始まっていると言っても過言ではありません。川崎市の学校における人権教育の始まりも、1984年に在日の多住地域である桜本地区にある桜本小･東桜本小･桜本中学校（現在、桜本小･東桜本小の２校は､「さくら小」に統合）の「桜３校」で取り組んだ「人権教育」でした。

1986年には、地域住民参加、保護者参加で取り組んできた地域教育会議の取組が「いきいきとした川崎の教育をめざして」として、報告書がまとめられましたが、その翌年、1987年にある小学校の特別支援級で体罰死事件が起こってしまいました。その事件を受け、市教委では「体罰の根絶に向けて」を作成し、校長会では「子どもの人権の見直し」を行い、学校経営の基盤を人権尊重教育におくことを宣言しました。

川崎市教育委員会では、1994年に「川崎市人権尊重教育推進会議」を起ち上げ、子どもの権利条約のパンフレットを全校に配り始めます。一方、1996年に川崎では「川崎市外国人市民代表者会議」が設置されます。この施策も、選挙権のない外国人市民に市政参加、意見表明の道を開く画期的な施策だったと思います。この川崎市の人権を大切にするという一連の施策の流れの中で、2000年には､「川崎市子どもの権利に関する条例」が策定されていきます。しかしながら、川崎市に子どもに関する権利条例が発行された後も、中学校で2010年には、「いじめ」により自死してしまう子どもや2015年には不登校の子どもが河川敷で刺殺されるという悲惨な事件が起きてしまいました。

昨今のこのような不幸な事件を目の当たりにすると、子どもの教育を地域住民参加、保護者参加、子ども参加で取り組もうという川崎市の「地域教育会議」の理念や一人一人の違いを認め合い、ありのままの自分を大切にしようとする「子どもの権利」に関する理念が、川崎市の子どもやおとなに十分浸透していないのではないかと思えてくるのです。

子どもの権利委員会の実態･意識調査（平成27年3月）でも、子どもの権利条例の認知度は、「知っている」と回答した子どもが11.8%、おとなが6.5%、職員が75.6%いう数値です。また、「聞いたことはあるが内容はよくわからない」と回答する割合は、子どもが33.2%、おとなが25.4%、職員が19.6%です。「知らない」と回答した子どもは54.1%、おとなは66.8%、職員は4.4%もいます。

この数値から、学校現場で、子どもの権利学習が有効に行われているのかという市民からの問いかけもあります。また、「いじめ」や不登校数の発生件数の推移を見ていると、子どもたちの自己肯定感はなかなか高まらず、「ありのままに生きる」自分に自信を持てていない状況も伺われます。

この原因はどのようなところにあるのでしょうか？もしかすると、私たちおとな自身が幸せに生きるために自分の「権利」を大切にするという認識がないということがあるのかもしれません。学校の教員さえも、子どもの権利を教えると勝手なこと言うのではないかという疑心暗鬼に陥り、「権利」どうやって伝えていいのか迷っているかもしれません。子どもを取り巻くおとなが「権利」について学習をしないと、子どもが、自分が幸せに生きることが自分の「権利」だということに気が付かないのではないでしょうか。

学校は、教科の授業時間数が増え「人権学習」に時間を割くゆとりもない状況だと聞いています。地域社会や家庭のありように目を向けても、地域社会から孤立し、自分の家庭内の課題だけで精いっぱい、とても地域社会とかかわりをもったり、自分の子育てを振り返ったりするゆとりすらないという意見もあります。

本来ならば、地域社会の中で、おとなとおとな、おとなと子ども、子どもと子どもが、それぞれが互いを大切にし、信じあうことから互いの権利が尊重されるということに、目を向けていく必要があるのではないかと思います。それなのに、それぞれが互いを責め、自分の弱みできるだけ見せず、相手の上に立とうとする生き方を選びがちな社会になってはいないでしょうか。

私たちは、「子どもの権利」を視点として、もう一度、川崎市の子どもの実態に目を向け、子どもたちが川崎市の中で笑顔でくらしているのか、子どもにとってやさしい『まち』であるのか、それぞれの個々の違いが社会の豊かさと結びついているかを、自分に、地域社会に、市民の皆様に問いかけていきたいと思います。そして、私たちは、川崎に暮らすすべての人々と、子どもたち自身が「未来社会を創り上げる力」をどのように育てていったらよいのかを考え合っていきたいのです。そのために様々な川崎市の行政機関、民間ＮＰＯ、市民、子どもたち等と連携し、それらの人々をつなぐネットワークの核になる機関として本団体を設立することにいたしました。皆様に、この設立の趣旨にご賛同いただき、ともに活動していただければ幸いです。

資料3　川崎市の「子ども参加」の歴史（年表）

1994年（平成6年）5月　子どもの権利条約批准

1994年（平成6年）10月31日　川崎子ども議会実施（市制70周年記念）

・川崎子ども議会は、市制70周年の記念事業の一環として実施された。

・市内小中学校、特殊教育諸学校（現在の名称は「特別支援学校」）、外国人学校の児童生徒が、身近なくらしやまちづくり、自分たちが21世紀に暮らしていく川崎市について、みんなが考え、発表する場として開催された。

・夏休み中に子ども会を中心として、各行政区で「子ども会議」が開催され、活発な討論が行われた。「子ども議会」の小学生の部には、各行政区の「子ども会議」から代表各2名、中学校区より各1名の代表が選ばれ、「子ども議員」として参加した。

・中学校の部には、市内公立・私立学校より各1名、特殊教育諸学校より4名、外国人学校より1名の代表が参加した。

・子ども議会をきっかけに、子どもたちが継続して意見を表明できるように、各行政区と中学校区地域教育会議が自主的に子ども会議を開催し、これが全市的に拡大していく。

1996年（平成8年）　全市子ども人権集会の開催

・「あるゆる人々がともに生きる地域社会をめざして」をテーマに学校・地域での話し合いを積み重ね、そのまとめの全市集会で「子ども人権アピール」が発表された。

1997年（平成9年）～2001年（平成13年）「川崎子ども・夢・共和国」事業

・川崎・夢・共和国は、川崎市が子どもたちにとって元気でいきいき活動できる”まち“をめざし、小学校4年生から中学生（4年目からは高校生年代）まで子どもたちが、高校生や大学生年代のサポーターの支援を受けながら、自分たちにできることは自分たちで行うことをモットウに活動してきた。

・学校の先生方との交流や、他の子ども団体との交流ができた交流班、子どもたちの居場所について、アンケートをとったり、市街の施設を見学したりしながら意見をまとめ、担当課に提出した居場所班、公園や環境・まちづくりについてアンケートを取り、まとめた意見を担当課に提出したまちづくり班など課題に沿った自主的な班活動を行う。

※川崎・こども・夢・共和国の活動は、2001年度をもってピリオドを打つが、その理念や手法、ネットワークは、2002年（平成14年）条例により新たに設置される「川崎市子ども会議」や2003年（平成15年）開設が予定されている、子どもの活動拠点となる「川崎子ども夢パーク」に受け継がれる。

1998年（平成10年）9月「子ども参加」の提言

・子どもの権利条例調査研究委員会で「子どもの参加」が提言される。

・川崎子ども・夢・共和国の活動に参加していた子どもたち、8人が権利条例調査研究委員・子ども委員として参加。

1998年（平成10年）　全市子ども集会の開催

・各地域で自主的にもたれた「子ども会議」を発展させ、地域で話し合われた内容を基に、ふだん意見を表明しにくい子どもたちも交え、全市子ども集会を開催。

1999年（平成11年）1月　**第1期子ども委員会発足。**公募により31名参加

<活動内容>

・アンケートや手紙、メールで寄せられた意見の集約
・外国人の子どもたちとの交流会の企画と意見集約
・障がいのある子どもたちとの交流会の企画と意見集約
・全市子ども集会への企画参加
・おとなの市民集会での子どもの意見表明
・子どもの権利条例パンフレット子ども版の編集・作成
・街頭での子どもの権利条例の広報など
・市長に答申を報告

2000年（平成12年）8月　**第2期子ども委員会発足**

<活動内容>

・子ども版パンフレットの作成・啓発活動
・地区別子ども集会企画
・子どもの権利学習資料作成への提案
・子どもの居場所「川崎子ども夢パーク」への意見表明
・条例報告の子ども学習会企画・運営
（2001年2月24日、3月10日、3月24日）
・2001年3月　子ども委員会解散

2001年（平成13年）4月1日　**川崎市子どもの権利に関する条例施行**

2002年（平成14年）　**川崎市子ども会議**

・条例により新たに設置。小学校4年生から18歳未満までの公募による委員で構成される。
・1年任期で活動し、毎年の活動報告を不定期で市長に提出。

2003年（平成15年）　**川崎子ども夢パーク**

・条例により「子どもの居場所」及び「子どもの自主的・自発的な参加活動の拠点」として設置される。
・「子どもの自由な発想で、遊び、学び、つくり続ける施設」として日本全国、海外からも注目され、設置から14年で、累計来場者100万人を突破。

この本に登場する人びと

山田　雅太（かわさき子どもの権利フォーラム・代表）	序・Ⅰ・Ⅱ
西野　博之（川崎市子ども夢パーク所長・当時）	Ⅰ・Ⅱ
喜多　明人（早稲田大学教授・当時）	Ⅰ
内田　塔子（東洋大学准教授）	Ⅰ
朏島　和哉（川崎市子ども権利条例調査研究委員会・旧子ども委員）	Ⅰ
金井　康平（元川崎子ども夢共和国委員・元川崎市子ども会議サポーター）	Ⅰ
重住　奈津帆（旧姓　山田奈津帆・旧子ども委員）	Ⅰ
圓谷　雪絵（旧姓　吉田雪絵・旧子ども委員、かわさき子どもの権利フォーラム事務局長）	Ⅰ
荒牧　重人（山梨学院大学教授）	Ⅰ・Ⅳ
小宮山　健治（元川崎市市民局人権・男女共同参画室長）※	Ⅱ・Ⅲ
金井　則夫（元川崎市教育委員会事務局指導課指導主事）※	Ⅱ
保科　達夫（元川崎市教育委員会事務局生涯学習推進課副主幹）※	Ⅱ
三ツ木　純子（元川崎市教育委員会事務局総務部人権・共生教育担当指導主事）※	Ⅱ

（※夢パーク設立当時の肩書）

＊執筆者の所属・肩書は、第1版のままにしました。

川崎市子どもの権利条例施行20周年記念出版
今だから明かす
条例制定秘話　第2版

発行日　2021年6月29日　第1版　初刷発行
　　　　2024年3月29日　第2版　初刷発行

編　集　かわさき子どもの権利フォーラム
　　　　事務局　〒216-0843 川崎市川崎区小田栄町1－6－5
　　　　メールアドレス　kawasakifrc@gmail.com
発行協力　川崎教育文化研究所
発行者　大塚　孝喜
発行所　株式会社エイデル研究所
　　　　〒102-0073
　　　　東京都千代田区九段下4－1－9　市ヶ谷MSビル4F
　　　　TEL 03-3234-4641　FAX 03-3234-4644
装　幀　株式会社デザインコンビビア　大友　淳史
製　作　株式会社エイデル研究所
印刷所　中央精版印刷株式会社

Printed in Japan　ISBN 978-4-87168-712-6
（定価はカバーに表示してあります）